Autors: MARTA MAS PRATS
ALBERT VILAGRASA GRANDIA

LLIBRE DE L'ALUMNE

VEUS 3

CURS COMUNICATIU DE CATALÀ

ENFOCAMENT PER TASQUES

Publicacions de l'Abadia de Montserrat

Primera edició, setembre de 2008
Primera edició revisada, desembre de 2010

Disseny: Blanca Hernández i Jordi Avià

La propietat d'aquesta edició és de Publicacions de l'Abadia de Montserrat
Ausiàs Marc, 92-98 - 08013 Barcelona
ISBN: 978-84-9883-034-7
Dipòsit legal: B.42.274-2010

Imprès a Tallers Gràfics Soler, S.A. – Enric Morera, 15
08950 Esplugues de Llobrega

Agraïments:

Agraïm als professors i als alumnes de català de les Escoles Oficials d'Idiomes de Barcelona Drassanes i de Girona la seva participació en el pilotatge de les unitats.
Agraïm especialment els suggeriments i les observacions de Mònica Comas i Puri Gómez.
Volem fer una menció especial a amics, col·legues, familiars i alumnes que ens han animat a tirar endavant aquest projecte.

Presentació

Veus és un mètode d'aprenentatge de català, com a segona llengua, elaborat d'acord amb les directrius del Marc Europeu Comú de Referència per a les llengües: aprendre, ensenyar i avaluar del Consell d'Europa, basat en l'ensenyament per tasques.

Va adreçat a persones adultes de procedències i cultures diverses, ja visquin als Països Catalans, ja estudiïn català des dels seus llocs d'origen, i a alumnes de secundària (2n cicle d'ESO i nivells superiors) també de procedències i cultures diverses.

Veus 3

Correspon a un nivell d'usuari independent que al marc europeu esmentat equival al B1. Es calcula que l'adquisició dels objectius i continguts aplegats a ***Veus 3*** es pot fer en unes 120 hores.

Llibre de l'alumne

Conté 6 unitats amb una tasca final, que es resol amb una actuació parlada o escrita o parlada i escrita, i activitats diverses (amb elements icònics, estructurals i lèxics), que possibiliten la resolució de la tasca. Les activitats tenen objectius diferents per tal que els alumnes interactuïn, treballin amb textos orals i escrits, practiquin estructures gramaticals i lèxic, coneguin determinades realitats socioculturals...

Llibre d'exercicis

Exercicis

Les unitats corresponen a les del Llibre de l'alumne. Hi ha exercicis escrits i orals, en què es treballen habilitats diverses, encara que es fa un èmfasi especial en l'adquisició de les estructures gramaticals i del lèxic necessaris per assimilar els components lingüístics que contenen les activitats proposades al Llibre de l'alumne. Al final de cada unitat hi ha les solucions.

Gramàtica

Es tracta d'una gramàtica d'ús seqüenciada per unitats que conté explicacions sobre la forma i l'ús dels elements gramaticals necessaris, només, per resoldre cada activitat del Llibre de l'alumne. Al final hi ha un resum dels paradigmes dels elements gramaticals apareguts al Llibre de l'alumne, presentats en quadres generals.

Transcripcions

Transcripció de tots els elements orals enregistrats, tant del Llibre de l'alumne com del Llibre d'exercicis.

Llibre del professor

Conté una introducció on s'explica la metodologia, l'estructura i el maneig de tots els materials que componen ***Veus 3***, i les explicacions, unitat per unitat i activitat per activitat, del Llibre de l'alumne. Finalment s'hi indica els números dels exercicis i els punts gramaticals relacionats amb les activitats.

Material àudio, CD

Hi ha dos CD, amb tot el material auditiu del Llibre de l'alumne i del Llibre d'exercicis.

Desitgem que les nostres veus us siguin útils en el vostre aprenentatge.

Els autors

Programació

TASCA FINAL	OBJECTIUS I CONTINGUTS: APRENDREM A	OBJECTIUS I CONTINGUTS: FAREM SERVIR
UNITAT 1 VEURE MÓN Fer una entrevista per esbrinar qui és la persona més viatgera	• Descriure llocs (països, comarques, ciutats, pobles): situació, entorn geogràfic, activitats que s'hi poden fer... • Donar consells i recomanacions per viatjar • Donar indicacions per anar a un lloc • Explicar diferents maneres de viatjar • Explicar els avantatges i els inconvenients de fer vacances • Explicar què s'acostuma a fer a les vacances • Fer una entrevista	• Estructures per aconsellar: aconsellar, recomanar, valer la pena... + infinitiu / que + present de subjuntiu • Estructures per localitzar amb els verbs: ser, haver-hi, estar situat... • Estructures per fer recordar amb els verbs: recordar-se, oblidar-se, descuidar-se, deixar-se... • Estructures per indicar duració: estar-s'hi i durar • Estructures per opinar: (no) creure, opinar... que + indicatiu / subjuntiu • Estructures temporals: quan / un cop + present de subjuntiu • Expressions locatives: al capdamunt, al capdavall... • Imperatiu: tombar, continuar, travessar... • Preposicions: amb, en i a • Present d'indicatiu i condicional dels verbs endur-se i emportar-se • Present de subjuntiu • Pronoms febles: hi, es, s'hi • Pronoms relatius on i que • Lèxic per descriure l'entorn geogràfic • Lèxic per donar indicacions per anar a un lloc • Lèxic relacionat amb els viatges
UNITAT 2 EXPLICA-M'HO! Escriure una nota de premsa sobre un assassinat i triar la més versemblant	• Contrastar rutines i fets puntuals • Deduir sospites i treure conclusions • Descriure persones per la seva manera de ser • Elaborar un interrogatori • Explicar anècdotes poc usuals i reaccionar-hi • Explicar un text dialogat • Fer la síntesi d'una narració • Fer suposicions i hipòtesis • Narrar un fet	• Connectors: tot i que, per culpa de, per això... • Estil directe i estil indirecte • Estructures per fer hipòtesis i suposicions • Expressions per reaccionar davant d'anècdotes poc usuals • Expressions temporals: de cop i volta, al cap d'una estona... • Imperfet d'indicatiu: deure • Participis • Passat perifràstic, imperfet, perfet i plusquamperfet d'indicatiu • Pronoms febles d'objecte indirecte • Adjectius relacionats amb la manera de ser de les persones • Lèxic relacionat amb la delinqüència
UNITAT 3 COM A CASA Elaborar un projecte de disseny d'un habitatge, presentar-lo i triar el millor	• Demanar informació sobre les característiques d'un habitatge • Descriure habitatges i maneres de viure • Dir els requisits que ha de tenir un habitatge • Explicar com serà l'habitatge del futur • Explicar la decoració d'un lloc • Opinar sobre la decoració de la casa • Opinar sobre la situació immobiliària • Suggerir canvis en la distribució d'espais i en la decoració	• Condicional • Connectors: encara que, per molt que, mentre (que) + present de subjuntiu • Estructures de probabilitat, per expressar desig i per opinar • Expressions locatives: (a / al) davant (de), al fons (de), al costat (de), endavant... • Futur i futur perfet • Present, perfet i imperfet de subjuntiu • Lèxic relacionat amb el sector immobiliari, amb l'habitatge i amb la decoració de la llar

TASCA FINAL	OBJECTIUS I CONTINGUTS	
	APRENDREM A	**FAREM SERVIR**
UNITAT 4 LLEPAR-SE'N ELS DITS Recomanar una ruta culinària, explicar on són els restaurants i dir quines especialitats fan	• Comparar dues receptes • Donar instruccions i consells per fer funcionar un aparell • Explicar anècdotes sobre avaries • Explicar i escriure una recepta de cuina • Explicar l'ús d'estris de cuina • Expressar gustos i preferències sobre menjars • Intercanviar informació sobre llocs per anar a menjar • Opinar sobre hàbits culinaris i gastronòmics	• Estructures temporals: tan bon punt, quan... + subjuntiu / indicatiu • Expressions de finalitat: per + infinitiu, perquè + subjuntiu • Perífrasis i formes per expressar obligacions • Present d'indicatiu, de subjuntiu i imperatiu: coure, treure, fregir • Pronoms febles: me'l, te la, se'ls, us en, l'hi, n'hi, els hi, en, ho... • Tractament formal, informal i forma impersonal per donar instruccions • Verbs ser i estar per indicar qualitats • Lèxic relacionat amb els menjars, la cuina i el parament de taula
UNITAT 5 JO, JO, JO... I ELS ALTRES Escriure cartes d'opinió, intercanviar-les i contestar-les	• Argumentar, exemplificar i concloure • Demanar permisos, favors i oferir-se a fer una cosa • Explicar el que ha dit algú • Explicar i reclamar un mal servei • Expressar opinions en una discussió formal • Fer un resum • Opinar i expressar acord, desacord, agraïment, temor... • Parlar de les relacions i dels sentiments entre les persones • Participar en una reunió	• Connectors: en primer lloc, tot i que, finalment, per una banda... • Connectors dialògics: el que acabes de dir, vull dir, dono la paraula... • Estil indirecte • Estructures per expressar obligacions i drets: tenir dret a, quedar prohibit... • Estructures per demanar permisos, favors i oferir-se a fer coses: fer res + infinitiu / que + present de subjuntiu / si + present d'indicatiu • Estructures per expressar acord, desacord, agraïment, desgrat...: estar d'acord, saber greu, confiar... • Expressions per opinar i contraargumentar • Imperatiu • Present i imperfet de subjuntiu • Pronoms d'objecte directe i indirecte: l'hi, els hi... • Lèxic relacionat amb els animals • Lèxic relacionat amb les avaries dels aparells • Verbs relacionats amb els sentiments i les relacions socials i laborals
UNITAT 6 EL MÓN D'AVUI... I EL DE DEMÀ Elaborar un text on s'expliqui un món ideal	• Entendre i donar instruccions per fer un exercici físic • Explicar diversos sistemes de govern • Explicar experiències personals relacionades amb la solidaritat • Explicar problemes d'ordre ecològic i donar-hi solucions • Fer retrets • Opinar i fer hipòtesis de present, de futur i respecte del passat sobre política, solidaritat, ecologia, esport, arts i models de família	• Connectors per expressar conseqüència, condició, finalitat... • Estructura per expressar imminència: estar a punt de + infinitiu • Estructures per fer prediccions de futur i hipòtesis: caldrà + infinitiu, caldrà que + subjuntiu, si + imperfet de subjuntiu + condicional... • Estructures per opinar: crec que + indicatiu, tant de bo que + present de subjuntiu... • Estructures temporals: passat perifràstic + quan + imperfet d'indicatiu... • Imperatiu i present de subjuntiu de verbs que indiquen moviment: seure, moure, caure, jeure, córrer... • Expressions per expressar esperança, alleujament, confiança, seguretat i inseguretat, penediment, indiferència, sorpresa, resignació, impaciència, conformitat i disconformitat... • Lèxic relacionat amb la política, la solidaritat, l'ecologia, l'esport, les arts i els models de família

UNITAT 1

VEURE MÓN

Fem una escapada

Ets viatger? Quins llocs del món has visitat? Comenta-ho amb els teus companys.

TASCA FINAL: Fer una entrevista per esbrinar qui és la persona més viatgera

OBJECTIUS I CONTINGUTS

APRENDREM A	• Descriure llocs (països, comarques, ciutats, pobles): situació, entorn geogràfic, activitats que s'hi poden fer... • Donar consells i recomanacions per viatjar • Donar indicacions per anar a un lloc • Explicar diferents maneres de viatjar • Explicar els avantatges i els inconvenients de fer vacances • Explicar què s'acostuma a fer a les vacances • Fer una entrevista	
I FAREM SERVIR	• Estructures per aconsellar: aconsellar, recomanar, valer la pena... + infinitiu / que + present de subjuntiu • Estructures per localitzar amb els verbs: ser, haver-hi, estar situat... • Estructures per fer recordar amb els verbs: recordar-se, oblidar-se, descuidar-se, deixar-se... • Estructures per indicar duració: estar-s'hi i durar • Estructures per opinar: (no) creure, opinar... que + indicatiu / subjuntiu • Estructures temporals: quan / un cop + present de subjuntiu	• Expressions locatives: al capdamunt, al capdavall... • Imperatiu: tombar, continuar, travessar... • Preposicions: amb, en i a • Present d'indicatiu i condicional dels verbs endur-se i emportar-se • Present de subjuntiu • Pronoms febles: hi, es, s'hi • Pronoms relatius on i que • Lèxic per descriure l'entorn geogràfic • Lèxic per donar indicacions per anar a un lloc • Lèxic relacionat amb els viatges

Digues com viatges i et diré com ets

1 En parelles. Llegeix el test i comprova que n'entens el significat. Fes el test a la teva parella. Comenta els resultats a la resta de companys de la classe. Quins tipus de viatgers hi ha?

1. A L'HORA DE PREPARAR UN VIATGE, QUÈ FAS?

- [ ] a) Compres el bitllet i prou. Ja t'espavilaràs quan arribis al lloc.
- [ ] b) Reserves el bitllet i l'hotel amb molta antelació i compres dues o tres guies.
- [ ] c) Compres el bitllet i reserves l'hotel per Internet.
- [ ] d) Vas a l'agència de viatges perquè te l'organitzin.

2. SI TROBES UNA OFERTA D'UN VIATGE ORGANITZAT, HI VAS?

- [ ] a) No, no suportes el viatges organitzats.
- [ ] b) Segurament sí, perquè aprofites més el temps.
- [ ] c) No, t'estimes més viatjar sol.
- [ ] d) Sí, perquè anar sense organització és massa arriscat.

3. QUINA MENA D'ALLOTJAMENT T'ESTIMES MÉS?

- [ ] a) Qualsevol que no s'assembli a un hotel.
- [ ] b) Un apartament.
- [ ] c) Una pensió o un hostal econòmic.
- [ ] d) Un hotel que m'aconselli una guia.

4. SI POTS ESCOLLIR, QUIN MITJÀ DE TRANSPORT PREFEREIXES?

- [ ] a) El tren.
- [ ] b) El cotxe.
- [ ] c) El vaixell.
- [ ] d) L'avió.

5. A L'HORA D'ANAR DE VIATGE, EN QUÈ CONSISTEIX EL TEU EQUIPATGE?

- [ ] a) En una gran motxilla, com si fos una caravana.
- [ ] b) En una bossa de viatge lleugera, amb les coses bàsiques.
- [ ] c) Canvia en funció del viatge.
- [ ] d) En tantes maletes com ets capaç de carregar i encara més.

6. QUÈ PORTES SEMPRE A LA MALETA?

- [ ] a) Un llibre i una guia.
- [ ] b) Una càmera de vídeo.
- [ ] c) Un assecador de cabells.
- [ ] d) Una farmaciola.

7. QUÈ FAS PER CONÈIXER UNA CIUTAT?

- [ ] a) Intentes descobrir com hi viu la gent i fer-hi amics.
- [ ] b) Visites els monuments més importants.
- [ ] c) La recorres a peu de cap a cap.
- [ ] d) Mires un reportatge a la televisió.

8. SAPS SI TENS EL PASSAPORT CADUCAT?

- ☐ a) El vas renovar no fa gaire.
- ☐ b) No tens passaport. Sempre viatges amb el document d'identitat.
- ☐ c) No, no ho saps. Però et fa l'efecte que no.
- ☐ d) No ho saps i a més no saps on el tens.

9. QUÈ ACOSTUMES A MENJAR QUAN VAS DE VIATGE?

- ☐ a) Tastes tots els plats típics del lloc.
- ☐ b) Menges plats internacionals.
- ☐ c) De tot, però sobretot pizzes i hamburgueses.
- ☐ d) T'endús el menjar de casa.

10. QUAN TORNES D'UN VIATGE, QUÈ HAS COMPRAT?

- ☐ a) Res. M'enduc l'experiència i això no es compra.
- ☐ b) Un record típic del lloc.
- ☐ c) Productes alimentaris.
- ☐ d) Res, perquè tot ho puc trobar al meu país.

RESULTATS

Si tens més respostes "a", ets un rodamón empedreït i un aventurer. Motxilla a l'esquena, a peu, fent autoestop, amb vaixell o amb tren, tu sempre estàs disposat a moure't, tant se val on i com. Tens una capacitat il·limitada per a l'aventura i la sorpresa i res se't fa pesat o decebedor. Ets molt entusiasta. Hauries de treballar en una agència de viatges.

Si tens més respostes "b", t'agrada viatjar, però amb comoditats. No tens l'esperit romàntic del viatger i per tant el seny s'imposa a la rauxa. Tens un concepte molt realista del món i ets molt pràctic. No et trobarem mai dins d'una tenda de campanya a la selva amazònica.

Si tens més respostes "c", encara ets un viatger romàntic. Conserves la innocència necessària per fer de turista i passar-t'ho bé. Ets sociable i això fa que vulguis conèixer altres cultures i que t'adaptis a altres costums ràpidament.

Si tens més respostes "d", et caracteritzes per un tarannà sedentari. Penses que a cap lloc no trobaràs les comoditats que tens a casa. Com que tothom viatja, tu també ho fas, però que no et maregin gaire. T'has fet gran o ja eres així?

2 En grup. Llegiu la llista de paraules. Escolteu les persones que expliquen com acostumen a passar les vacances. Quines paraules de la llista diu cada persona? Com deuen ser les persones que parlen, segons les vacances que fan?

	1	2	3	4	5	6		1	2	3	4	5	6
l'aglomeració (f)							la gentada						
l'allotjament (m)							l'hotel (m)						
l'avió (m)							l'itinerari (m)						
el bitllet							la maleta						
el càmping							la mitja pensió						
la casa rural							la natura						
el creuer							l'operació sortida (f)						
la cua							la quinzena						
el desfasament horari							la temporada alta						
l'embús (m)							la temporada baixa						
l'equipatge (m)							el vaixell						
l'excursió (f)							el viatge organitzat						

En grup. Us identifiqueu amb alguna de les formes de fer vacances de l'activitat anterior? A l'hora de viatjar, quins adjectius us caracteritzen? Per què?

còmode – còmoda	atrevit – atrevida
previsor – previsora	tradicional
aventurer – aventurera	original
valent – valenta	esportista
curiós – curiosa	independent
organitzat – organitzada	prudent

Les vacances

3 En grup. Us heu trobat en alguna de les situacions de les fotografies? Comenteu els avantatges i els inconvenients de fer vacances.

anar	**amb / en**	avió, tren, cotxe, vaixell...
	a	peu

En grup. Què acostumeu a fer quan teniu vacances? Amb qui del vostre grup podríeu anar de vacances, segons els vostres costums i gustos? Expliqueu-vos-ho i expliqueu-ho als altres grups. Quines persones de la classe podrien anar de vacances juntes i quines són incompatibles?

4 En grup. Llegiu l'article i digueu si creieu que hi ha gent que viatja de la forma que s'hi descriu. Què us sembla aquesta manera de viatjar?

PETIT OBSERVATORI

NO SÓN VACANCES? DONCS AIXÒ

Un percentatge considerable de la població ja ha programat el viatge de vacances, el viatge de l'estiu. Una novetat d'aquests últims anys: preus d'avió molt barats si es compren amb temps, i amb determinades condicions. Hi ha gent que tria el destí del viatge en funció de les gangues, i no s'interessa tant per les característiques del lloc on passaran vuit o quinze dies.

Penso que, en aquest sentit, hi ha hagut un canvi. En uns quants anys, jo sentia parlar habitualment dels llocs on es volia anar: Mallorca, Londres, Itàlia i, més cap aquí, l'atractiu de les illes gregues. Els més agosarats anaven a l'Índia –com a turistes amb diners o com a *hippies*–. Però tothom tenia un objectiu geogràfic. Els paisatges d'Àustria o d'Escòcia, la història i els monuments de Roma i Florència, els atractius de París o, des de fa menys anys, el gran espectacle de Nova York.

No vull dir que aquest turisme hagi desaparegut, continua perfectament viu. El que passa és que d'un temps ençà ha augmentat d'una manera intensíssima el repertori de les possibilitats turístiques, i no tots els viatgers tenen un cert interès per disposar d'informació sobre els destins que els ofereixen. Vull dir que tant és Playa Bávaro com Punta Cana. Les fotos amb un mar blavíssim, dotzenes de palmeres bellament inclinades pel vent tropical i un hotel de disseny modern i un volum enorme; aquestes fotos, dic, són intercanviables, tant valen per a una platja com per a una altra.

Es comprèn perfectament. El que compta és un somni de paradís, i del llunyà país no val gaire la pena saber-ne alguna cosa. Recordo que una vegada, a Grècia, vaig voler sortir d'Atenes i afegir-me a una excursió col·lectiva. El paisatge era esplèndid. A l'autocar, la gent es va passar el dia parlant de les seves coses, o s'endormiscava, i van arribar a Delfos sense saber res de Delfos. I quan vam deixar Delfos tampoc havien aconseguit saber-ne res. Tothom sabia que, durant aquesta mena d'excursions, és correcte acostar-se al guia quan explica alguna cosa, però en canvi no és obligatori escoltar-lo.

Hi ha una publicitat d'agències que diu: «Confiï en nosaltres i no es preocupi de res». Exacte. De res. Que no estem fent vacances? Quan tornem ja explicarem que no hem vist mai de la vida cap platja com aquella, la de Punta daixonses, com es diu?

Josep M. Espinàs, El Periódico de Catalunya

No crec que hi hagi gent que viatgi sense saber on va.

No? Doncs jo **penso que hi ha** gent que viatja sense saber on va. **Vull dir que tant li fa** anar a un lloc o a un altre, mentre sigui barat.

crec / penso / vull dir... que + indicatiu
no crec / no vull dir... que + subjuntiu

En grup. Expliqueu-vos què són les vacances per a vosaltres. Escriviu un text explicant el vostre concepte de vacances.

Indrets únics

5 En quatre grups. Cada grup llegeix un dels textos i busca el significat de les paraules que no coneix. Després formeu grups nous amb una persona de cada grup i expliqueu-vos el vostre text. Assegureu-vos que enteneu el lèxic del quadre.

LA PATAGÒNIA

Una ruta única amb cotxe. Travessarem tota la Patagònia xilena i argentina. L'aventura començarà als Andes i, a través de la regió dels llacs, entre Xile i l'Argentina, anirem cap al sud per la mítica carretera Austral xilena. Des de la carretera podrem contemplar els impressionants boscos que oculten glaceres i llacs millenaris. Creuarem zones desèrtiques i hi descobrirem la bellesa de la glacera més impressionant del món: el Perito Moreno. Arribarem a la muntanya anomenada Fitz Roy i, finalment, a Ushuaia. Durant la ruta podrem observar la fauna d'aquesta part de món: llops marins i milers d'aus.

MAURITÀNIA

A Mauritània, que és al continent africà, s'hi pot trobar una infinitat de paisatges on la naturalesa es manifesta en el seu estat més pur. El país està constituït per una gran plana i és l'extrem del sector occidental del Sàhara. És un país que té una extensa zona de deserts on es poden trobar oasis. És un país de contrastos: per una banda, hi ha la costa, que està banyada per l'oceà Atlàntic i que està envoltada per zones desèrtiques; per l'altra, cap al nord-est del país, hi ha penya-segats molt abruptes. El clima, en conjunt, és desèrtic, extremadament sec i calorós.

EL CARIB

El Carib és un racó del paradís a la Terra. La impressionant bellesa de les platges de sorra de color blanc perla i els blaus profunds i turqueses del mar us encantarà. En contrast amb el mar, destaca el verd intens de la selva tropical, de les muntanyes i de les valls. La millor manera d'anar d'una illa a una altra, d'una perla exòtica a una altra és, per descomptat, amb un confortable i luxós veler. Una activitat espectacular és bussejar en aigües transparents i descobrir-hi la quantitat de colors dels seus fons. Us sorprendreu amb la gran varietat de peixos exòtics que tindreu al vostre voltant.

NORD DEL BRASIL

Aquest extens territori ens deixarà descobrir una natura única. Paisatges curiosos com els aiguamolls de Pantanal o les impressionants cascades d'Iguaçú, amb més de dos-cents setanta salts d'aigua, i amb una vegetació i una fauna que es mantenen encara inalterables. Es pot navegar pel riu Amazones fins a Manaus, que és una ciutat perduda enmig de la selva. A les selves impenetrables, encara hi viuen tribus que segueixen amb el seu estil de vida tradicional. A l'Amazònia hi viuen al voltant de dos milions i mig d'espècies d'insectes, desenes de milers de plantes i uns dos mil ocells i mamífers. Per això és la zona del planeta on hi ha més concentració d'éssers vius.

l'aiguamoll (m)
el bosc
la cascada / el salt d'aigua
el continent
la costa
el desert
la glacera / gelera
l'illa (f)
el llac
el mar
la muntanya
l'oasi (m)
l'oceà (m)
el penya-segat
la plana
la platja
el riu
la selva
la sorra
la vall

En grup. Digueu si heu visitat o coneixeu algun lloc amb un paisatge similar als anteriors. Expliqueu-vos quins accidents geogràfics hi ha al país on viviu o al país d'on sou.

el país té molts deserts	és un país **que** té...
al país hi ha molts deserts	és un país **on** hi ha...

Fem la maleta

6 En grup. Llegiu la llista d'objectes i comproveu que n'enteneu el significat. Trieu cinc objectes que soleu endur-vos quan viatgeu i els que us enduríeu per anar als llocs que es descriuen als textos de l'activitat anterior. Justifiqueu la vostra tria. Quins objectes són els que s'enduria més gent?

UNA NAVALLA MULTIÚS
UNA CREMA PROTECTORA
UNES ULLERES DE SOL
UNA BRÚIXOLA
UNES BOTES DE MUNTANYA
UNA LLANTERNA
UNA CÀMERA DE VÍDEO
UN BARRET DE PALLA
UN REPEL·LENT DE MOSQUITS
UNA CORDA
UNS PRISMÀTICS
UN MIRALL
UN ENCENEDOR
UN SAC DE DORMIR
UNA CAPSA DE LLUMINS
UNA PASTILLA DE SABÓ
UNA TENDA DE CAMPANYA
UNA CANTIMPLORA
UN RASPALL DE DENTS

PRESENT D'INDICATIU

EMPORTAR-SE	ENDUR-SE
m'emporto	m'enduc
t'emportes	t'endús (t'enduus)
s'emporta	s'endú (s'enduu)
ens emportem	ens enduem
us emporteu	us endueu
s'emporten	s'enduen

CONDICIONAL

EMPORTAR-SE	ENDUR-SE
m'emportaria	m'enduria
t'emportaries	t'enduries
s'emportaria	s'enduria
ens emportaríem	ens enduríem
us emportaríeu	us enduríeu
s'emportarien	s'endurien

endur-se = emportar-se

Quan viatgem sempre **ens enduem** el raspall de dents.

Jo **m'emportaria** una crema protectora perquè al Carib hi fa molt sol.

Us enduríeu un encenedor?

Sí, per poder fer foc.

I tu quins objectes t'endús sempre quan viatges? Fes-ne una llista i comprova si hi ha un objecte que s'enduria tothom de la classe.

Consells per als viatgers

7 En parelles. Llegeix el text i escriu els consells que s'hi donen per viatjar a un país tropical. Marca les estructures que s'utilitzen al text per aconsellar i comprova si has coincidit amb una altra parella.

«Malalties tropicals»

Mireia Aranda, Avui (text daptat)

Cada vegada viatgem més a països exòtics on, a part de les malalties comunes, s'afegeixen les derivades del clima o de l'alimentació. Sovint, el nostre organisme no està preparat per reaccionar-hi. Per això és important estar ben informat i visitar el metge abans de marxar.

A banda de comprar les guies i la roba adequada o mirar quin temps hi farà, quan viatgem a un país tropical també cal que estiguem ben informats sobre els aspectes sanitaris relacionats amb el nostre destí. Es recomana fer-ho entre un mes i mig o dos abans de sortir, ja que en molts casos és necessari vacunar-se amb prou antelació. A Internet hi ha moltes pàgines web que informen de les malalties amb les quals cal anar especialment amb compte en determinats països. Aquesta consulta, però, ha de ser només orientativa i no eximeix de la visita als centres especialitzats en malalties tropicals, on es fan recomanacions de manera individualitzada. I és que la medicació específica per prevenir riscos de malalties tropicals no depèn només del país que es visita, sinó també d'aspectes com la zona concreta que es vol conèixer, l'època de l'any, el tipus de viatge que es vol fer o el temps d'estada. Per això és recomanable demanar informació als centres de vacunació internacionals.

Abans de sortir

Sobretot en cas de patir alguna malaltia que requereixi prendre's algun medicament específic, es recomana fer una visita prèvia al metge de capçalera perquè ens faci una revisió, ens aconselli sobre les normes sanitàries que cal seguir i ens faci un informe per portar-lo durant el viatge. És important també que ens recepti la medicació necessària per cobrir el període de temps que duri l'estada a l'estranger. També cal assegurar-se que es podrà adquirir la medicació al país de destí, en cas que sigui necessari.

Si els viatgers són gent gran o nens, cal prendre precaucions especials per protegir-los d'insolacions i de deshidratacions. Pot ser útil també disposar d'alguns medicaments per als símptomes menors, com analgèsics, antihistamínics, etc. En els viatges a països tropicals, s'han de portar repel·lents d'insectes i, en cas necessari, la medicació recomanada per a la prevenció del paludisme. També es recomana dur una petita farmaciola.

En tots els casos, s'aconsella als viatgers que s'informin sobre el sistema local d'assistència sanitària i que contractin una pòlissa d'assegurança que cobreixi les despeses per malaltia o accident durant el viatge.

És important estar ben informat.
S'aconsella als viatgers que s'informin.

es recomana / s'aconsella és important / recomanable... cal pot ser útil val la pena	infinitiu
	que + present de subjuntiu

et recomano / t'aconsello... + que + present de subjuntiu

Quines altres recomanacions pots fer a les persones que viatgen a un país tropical. Fes-ne una llista i compara-la amb la d'una altra parella.

PICADES DE MOSQUITS

ROBA

ANIMALS

RIUS I LLACS

ALIMENTS CRUS

PRESENT DE SUBJUNTIU

VACUNAR	ANAR	FER	CONÈIXER	ESTAR	COBRIR
vacuni	vagi	faci	conegui	estigui	cobreixi
vacunis	vagis	facis	coneguis	estiguis	cobreixis
vacuni	vagi	faci	conegui	estigui	cobreixi
vacunem	anem	fem	coneguem	estiguem	cobrim
vacuneu	aneu	feu	conegueu	estigueu	cobriu
vacunin	vagin	facin	coneguin	estiguin	cobreixin

8 En parelles. Escolta la conversa en què sentiràs consells que es donen per anar a l'Índia. Després llegeix els correus electrònics i decideix quin és el que recull millor la informació de la conversa.

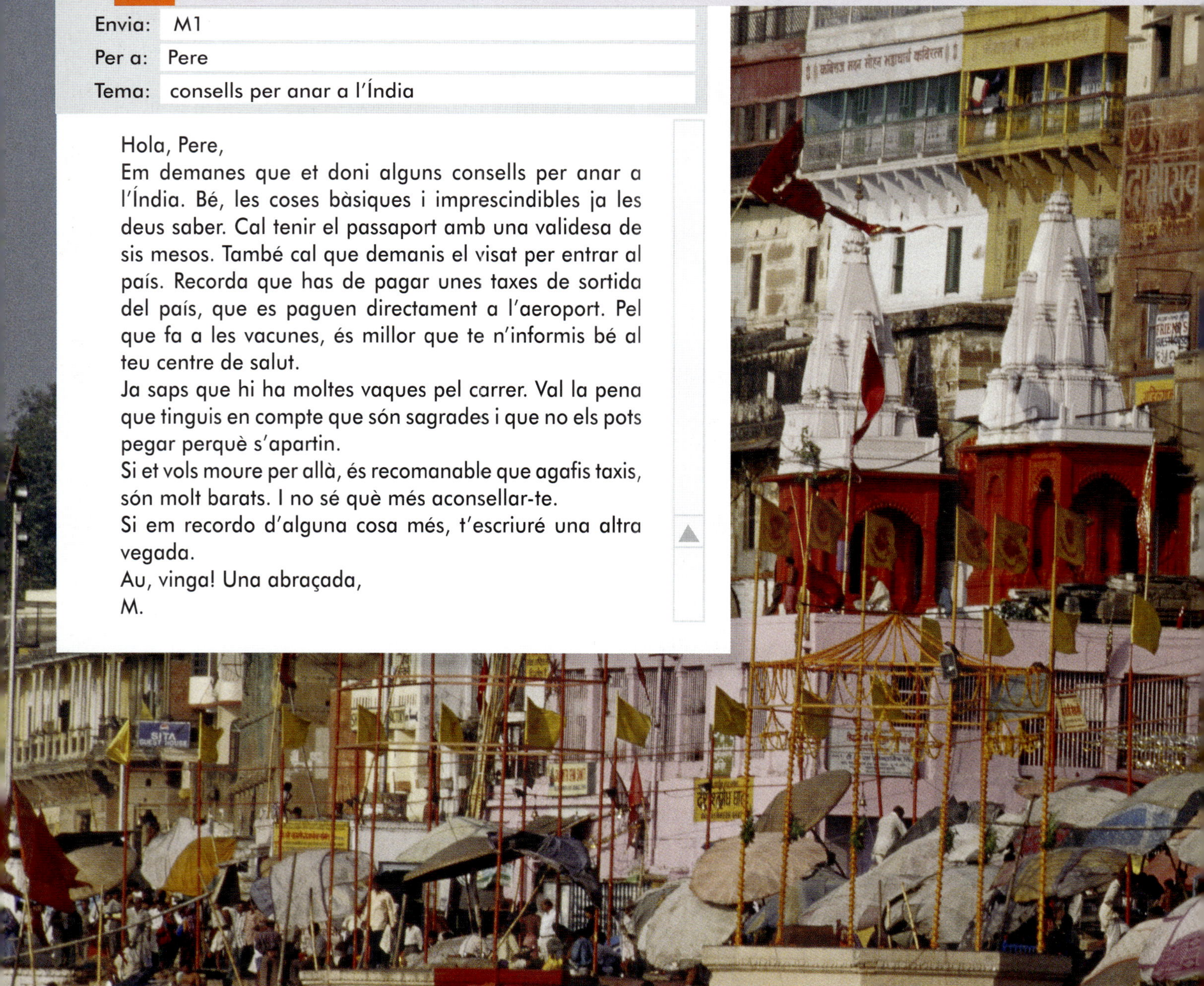

Envia: M1
Per a: Pere
Tema: consells per anar a l'Índia

Hola, Pere,
Em demanes que et doni alguns consells per anar a l'Índia. Bé, les coses bàsiques i imprescindibles ja les deus saber. Cal tenir el passaport amb una validesa de sis mesos. També cal que demanis el visat per entrar al país. Recorda que has de pagar unes taxes de sortida del país, que es paguen directament a l'aeroport. Pel que fa a les vacunes, és millor que te n'informis bé al teu centre de salut.
Ja saps que hi ha moltes vaques pel carrer. Val la pena que tinguis en compte que són sagrades i que no els pots pegar perquè s'apartin.
Si et vols moure per allà, és recomanable que agafis taxis, són molt barats. I no sé què més aconsellar-te.
Si em recordo d'alguna cosa més, t'escriuré una altra vegada.
Au, vinga! Una abraçada,
M.

Envia: M2
Per a: Pere
Tema: consells per anar a l'Índia

Hola, Pere,
Em demanes que et doni alguns consells per anar a l'Índia. La primera cosa que cal que sàpigues és que la gent, quan et veurà, voldrà venir a parlar amb tu i que sempre tindràs moltes persones al teu voltant. No tinguis por perquè no és un país perillós. Això per començar. Jo m'enduria un parell de targetes de crèdit per si en perds una, i també diners en metàl·lic. Quan arribis, val la pena que lloguis un cotxe amb conductor. Pel que fa als tràmits burocràtics, ja els deus saber, oi? Per entrar al país, cal que tinguis el passaport en vigor, i també fa falta el visat. De vacunes, segur que te n'has de posar alguna, però et recomano que vagis al metge per informar-te'n.
I no sé què més aconsellar-te. Si em recordo d'alguna cosa més, t'escriuré una altra vegada.
Au, vinga! Una abraçada,
M.

recordar-se no descuidar-se no oblidar-se	de	+ infinitiu
recordar no oblidar	∅	

recordar-**se**	de + nom /	recordar-**se'n**
descuidar-**se**	de + infinitiu /	descuidar-**se'n**
oblidar-**se**	que + frase	oblidar-**se'n**

recordar-se no oblidar-se	de	+ nom
no descuidar-se recordar no oblidar	∅	

recordar	+ nom	recordar-**lo**, recordar-**la**...
no oblidar		no oblidar-**lo**, no oblidar-**la**...
recordar	infinitiu /	recordar-**ho**
no oblidar	que + frase	no oblidar-**ho**

recordar-se / recordar no descuidar-se no oblidar-se / oblidar	que + frase

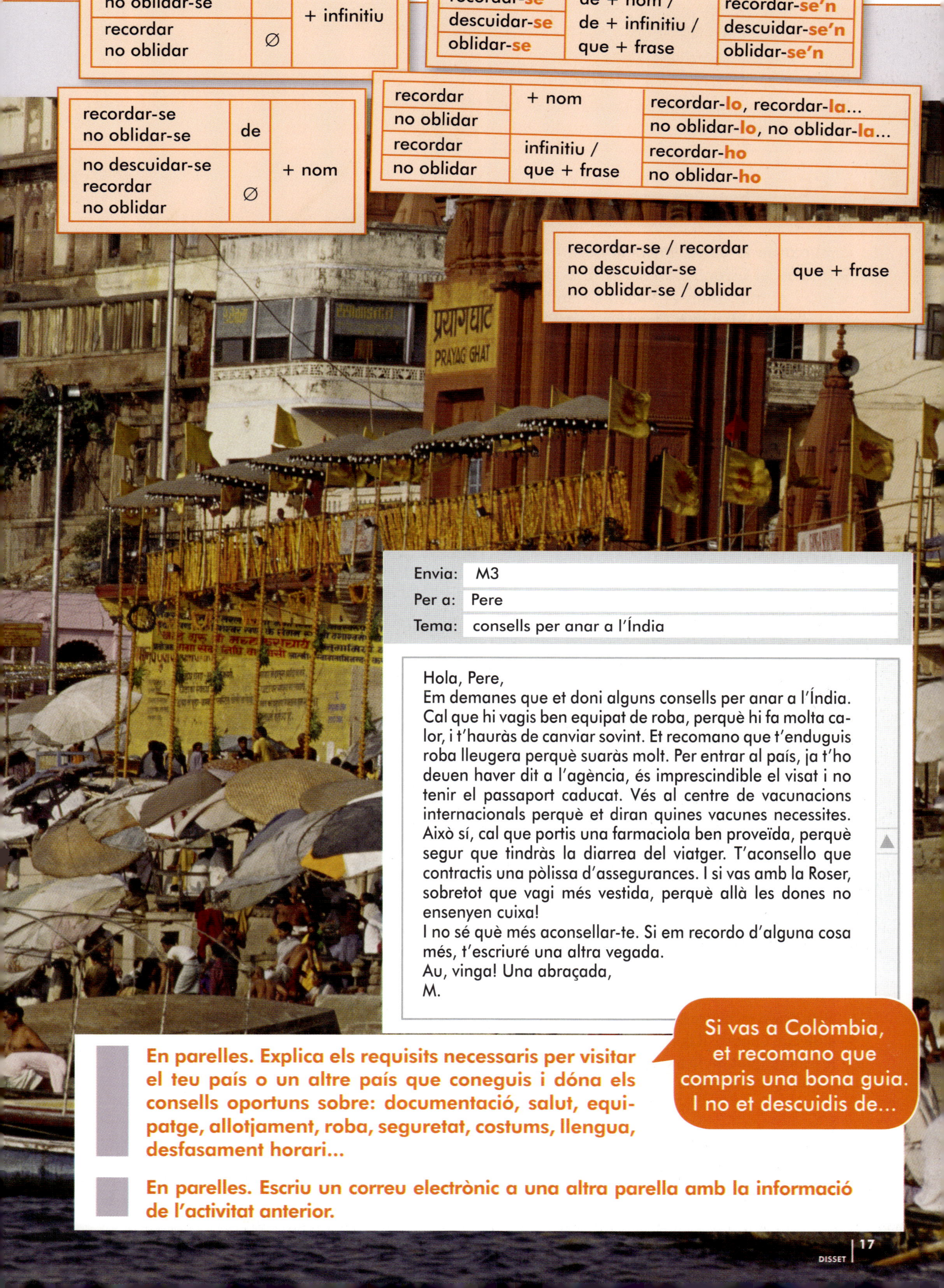

Envia: M3
Per a: Pere
Tema: consells per anar a l'Índia

Hola, Pere,
Em demanes que et doni alguns consells per anar a l'Índia. Cal que hi vagis ben equipat de roba, perquè hi fa molta calor, i t'hauràs de canviar sovint. Et recomano que t'enduguis roba lleugera perquè suaràs molt. Per entrar al país, ja t'ho deuen haver dit a l'agència, és imprescindible el visat i no tenir el passaport caducat. Vés al centre de vacunacions internacionals perquè et diran quines vacunes necessites. Això sí, cal que portis una farmaciola ben proveïda, perquè segur que tindràs la diarrea del viatger. T'aconsello que contractis una pòlissa d'assegurances. I si vas amb la Roser, sobretot que vagi més vestida, perquè allà les dones no ensenyen cuixa!
I no sé què més aconsellar-te. Si em recordo d'alguna cosa més, t'escriuré una altra vegada.
Au, vinga! Una abraçada,
M.

En parelles. Explica els requisits necessaris per visitar el teu país o un altre país que coneguis i dóna els consells oportuns sobre: documentació, salut, equipatge, allotjament, roba, seguretat, costums, llengua, desfasament horari...

Si vas a Colòmbia, et recomano que compris una bona guia. I no et descuidis de...

En parelles. Escriu un correu electrònic a una altra parella amb la informació de l'activitat anterior.

9 En grup. Expliqueu-vos si heu estat en algun poble o ciutat dels Països Catalans i què hi vau anar a fer.

En dos grups. Cada grup llegeix un text i es prepara la informació sobre la comarca, i els arguments amb els quals convèncer algú d'anar-hi de vacances.

LA SELVA

La comarca de la Selva limita al nord amb la Garrotxa i el Gironès, a l'est amb el Baix Empordà i el mar, amb el Vallès Oriental i el Maresme al sud, i amb Osona a l'oest. La Selva, amb gairebé 1000 km^2, inclou vint-i-sis municipis i ofereix una gran varietat de paisatges capaços de satisfer el visitant més exigent: el mar de la Costa Brava, amb nombroses cales amagades entre els penya-segats, i l'interior, amb els bonics vessants dels massissos del Montseny i de les Guilleries.

COMUNICACIONS

Ferrocarril (estacions a Blanes, Breda, Hostalric, Maçanet de la Selva, Sils, Caldes de Malavella, Riudellots de la Selva)
Autopista AP7 i A2
Carretera Nacional II
Eix Transversal C25
Aeroport de Girona

DISTÀNCIES APROXIMADES

Barcelona: 70 km
Girona: 20 km
Lleida: 180 km
Tarragona: 160 km

AIGÜES MINERALS

Escampades per la comarca hi ha nombroses fonts d'aigua mineromedicinal i balnearis. En podem trobar a les poblacions de Caldes de Malavella, Santa Coloma de Farners, Sant Hilari Sacalm i Amer.

PLATGES

La Costa Brava comença al nucli de la vila de Blanes i s'estén cap al nord al llarg del litoral mediterrani per les comarques de la Selva i de l'Empordà. Només trenta quilòmetres de Costa Brava pertanyen a la Selva. A més de les platges que hi ha a les poblacions de Blanes, Lloret de Mar i Tossa de Mar, un dels atractius d'aquesta costa són les meravelloses cales.

ESPORTS

La comarca ofereix a la zona marítima de la Costa Brava totes les possibilitats per a la pràctica d'esports nàutics. A més de la pesca marítima, es pot pescar la truita als rius de les zones de l'interior. Altres activitats: volar amb globus, muntar a cavall, fer circuits amb bicicleta...

CUINA

A la Selva hi trobem una gastronomia acurada i tradicional que permet degustar els plats catalans més típics. Disposa d'un ampli ventall de possibilitats culinàries gràcies a la combinació de costa, amb el seu preuat peix; de plana, amb abundància de verdures i aviram; i de muntanya, amb la caça i els bolets.

ALLOTJAMENT

Àmplia oferta d'hotels, càmpings i apartaments situats a la zona costanera, a més de tot un seguit de petits hotels, fondes i allotjaments rurals dispersos per l'interior de la comarca.

Pel que fa a... / Referent a... / Quant a...

quant s'hi està? = quant dura (el viatge)?
s'hi està... = dura...

LA CERDANYA

La Cerdanya és una comarca pirinenca que s'estén per l'àmplia i lluminosa vall de la capçalera del riu Segre, orientada d'est a oest, i voltada d'altes muntanyes. La Cerdanya constitueix un pas fronterer natural entre Catalunya, França i el Principat d'Andorra. La capital és Puigcerdà, que s'ha consolidat com el nucli urbà i comercial més important de la comarca.

COMUNICACIONS

Ferrocarril (estacions a Puigcerdà, Alp i la Molina)
Eix del Llobregat C16 (pel túnel del Cadí), C17, N152
Autobusos de línia des d'Andorra, la Seu d'Urgell, Girona i Barcelona

DISTÀNCIES APROXIMADES

Barcelona: 150 km
Girona: 140 km
Lleida: 170 km
Tarragona: 250 km

MONUMENTS

L'art romànic esdevé una de les principals riqueses arquitectòniques de la comarca. El més destacat del romànic es conserva en forma d'esglésies, capelles i més de cinquanta ermites que es poden visitar seguint algun dels set itineraris previstos.

Una visita obligada és la vila de Llívia, l'únic municipi de l'Estat espanyol envoltat de territori francès per totes bandes. Aquesta petita població conserva una de les farmàcies més antigues d'Europa i comprèn, dins el seu terme, un castell medieval que va ser testimoni de fets històrics tan importants com, per exemple, la declaració del Tractat dels Pirineus l'any 1659.

ESPORTS

És una comarca privilegiada per a la pràctica de l'esquí. L'equipament turístic més important de la comarca és la seva excel·lent oferta en estacions d'esquí, localitzades al municipi d'Alp. Les impressionants estacions que hi ha centren l'interès de molts amants de l'esquí procedents de les regions properes. Encara que aquesta és la comarca de la neu i dels esports d'hivern per excel·lència, també s'hi poden practicar altres esports durant tot l'any: excursionisme i escalada, pesca i caça, golf, esports d'aventura...

CUINA

La cuina cerdana té un prestigi ben guanyat per la qualitat dels productes locals i d'alguns plats tradicionals que s'han estès a tot el país. Entre els plats cuinats cal destacar el trinxat amb rosta (col i patates amb cansalada).

ALLOTJAMENT

La comarca té una important infraestructura hotelera, a més d'una oferta molt àmplia d'allotjaments de turisme rural. A part d'altres modalitats com hostals, càmpings i refugis de muntanya.

En parelles. Es formen parelles amb una persona de cada grup de l'activitat anterior. Dóna la informació de la comarca a la teva parella i convenç-la perquè la visiti.

A la Selva hi ha platges meravelloses.

Sí, però a la Cerdanya s'hi pot esquiar.

D'una banda...

D'altra banda...

Sí, però no oblidis que...

És una bona idea, però...

I **quant s'hi està** de Barcelona a Blanes?

Doncs... fins a Blanes amb tren **s'hi està** una mica més d'una hora.

I **quant dura** el viatge amb tren de Barcelona a Puigcerdà?

No sé **quant dura**, però és lluny.

Tàrraco, l'imperi de Catalunya

10 En parelles. Escolta la conversa entre dos amics. Apunta tota la informació que es dóna a la conversa sobre Tarragona i les recomanacions que s'hi fan. Fes una fitxa amb la informació. Compara-la amb la d'una altra parella.

Com s'hi pot arribar?
Quant dura el viatge?
Què s'hi pot menjar?
On es pot dormir?
Què s'hi pot fer?
Llocs que es poden visitar

amb què es pot anar **a Puigcerdà?**
s'hi pot anar amb cotxe

11 Escolta les instruccions que donen a aquest turista i marca al plànol per quin lloc demana, on és i quin camí ha de fer per arribar-hi.

IMPERATIU

	CONTINUAR	PUJAR	SEGUIR
tu	continua	puja	segueix
vostè	continuï	pugi	segueixi
nosaltres	continuem	pugem	seguim
vosaltres	continueu	pugeu	seguiu
vostès	continuïn	pugin	segueixin

agafar (per)
continuar (per)
creuar (per)
enfilar (per)
girar per
pujar (per) ≠ baixar (per)
seguir
tirar per
tombar per
travessar (per)

(cap) amunt ≠ avall

fins	al capdamunt / a dalt de tot al capdavall / a baix de tot al final a la segona... a la cantonada...

quan un cop	present de subjuntiu / futur, + instrucció
un cop arribis a la plaça, gira a l'esquerra	

En parelles A i B. (A tapa la informació de B, B tapa la informació de A.) Llegeix la informació, aconsella a la teva parella quins llocs pot visitar a Tarragona i explica-li com s'hi va des de l'estació.

A

1. AMFITEATRE ROMÀ

Edifici de forma oval construït al segle II aC a prop del mar. Una part de les grades es van excavar a la roca. L'amfiteatre fa 109 per 86 metres i hi cabien uns 14.000 espectadors. S'hi feien les lluites de gladiadors.

2. CATEDRAL I MUSEU DIOCESÀ

La Catedral està situada aproximadament al mateix lloc que el temple romà, al punt més alt de la ciutat. La Catedral es va començar a construir al segle XII, en estil romànic, es va continuar en estil gòtic i va quedar inacabada a causa de la Pesta Negra, al segle XIV. La seva façana és una de les imatges més emblemàtiques de la ciutat. Entrant pel claustre es pot visitar el Museu Diocesà i el retaule de Santa Tecla.

3. HOSPITAL DE SANTA TECLA

Està situat a poca distància de la Catedral i davant mateix del fossar medieval. Aquest hospital medieval va ser fundat l'any 1171, i només se n'ha conservat la façana. Actualment és la seu del Consell Comarcal.

T'aconsello que visitis...

I com s'hi va?

Agafa pel carrer... i un cop arribis...

B

4. CALL JUEU

Els jueus es van establir a prop del castell del rei. El barri jueu estava totalment separat de la resta de la ciutat. Només hi havia quatre portes que comunicaven amb l'exterior. Actualment, només es conserva l'entramat de carrers estrets i alguns arcs gòtics.

5. MURALLES

Al segle II aC es va dotar Tàrraco d'una gran muralla que delimitava el perímetre urbà. Actualment es conserven 1.100 metres de muralla dels 3.500 que envoltava el casc antic. Les muralles són la construcció arquitectònica romana més antiga de totes, conservades fora d'Itàlia.

6. BALCÓ DEL MEDITERRANI

Situat al capdavall de la Rambla Nova. Esplèndid mirador d'uns 40 metres sobre el mar, que permet una visió privilegiada del Mare Nostrum, del port de Tarragona, de la platja del Miracle i de l'Amfiteatre. Lloc de trobada de molts tarragonins.

L'illa de la calma

12 En grup. Repartiu-vos els diferents apartats del quadre i redacteu textos amb la informació necessària per elaborar el fullet informatiu de Mallorca.

- Informació general (situació, clima, habitants, geografia...)
- Com s'hi pot arribar? (mitjans de transport, transports a l'illa...)
- Què s'hi pot menjar? (plats típics, begudes, restaurants...)
- On es pot dormir? (diferent oferta d'allotjament)
- Què s'hi pot comprar? (productes típics...)
- Consells pràctics (roba, seguretat, medicines...)
- Quines poblacions s'han de visitar?
- Què s'hi pot visitar? (monuments...)

Amb la informació que heu elaborat, expliqueu-vos què poden fer a Mallorca: un grup de pensionistes, un grup d'estudiants de viatge de final de curs, una parella que va de viatge de noces i tres amics esportistes.

El grup de pensionistes podrien anar a Palma i allotjar-se en un hotel de davant del mar...

Val la pena que els tres amics esportistes s'allotgin a prop de la serra de Tramuntana...

13 Prepara un fulletó, amb la informació d'un lloc que coneguis, per als teus companys. Pots seguir l'esquema de l'activitat anterior.

Esperit viatger

14 En parelles. Llegeix les preguntes i relaciona-les amb la resposta que creguis adequada.

Viatjar hauria de ser una assignatura obligatòria

Xavier Moret és periodista i escriptor. El tret característic que més el defineix és el de viatger: un viatger que narra el seu viatge i les impressions que rep quan va a altres països. Viatja, bàsicament, perquè li agrada, l'emociona conèixer gent d'altres llocs i viure el present. Considera que és la millor manera d'enriquir-se intel·lectualment ja que, segons l'autor, una persona quan viatja té tots els sentits alerta perquè constantment rep noves sensacions, cosa que li fa prendre consciència que la realitat no la pot ensenyar cap mestre. Abans del viatge es documenta, encara que procura no deixar-se influir per informacions prèvies que li podrien donar una visió equivocada del país. Sempre procura deixar un marge per a la sorpresa.

A Per descomptat. Si vols conèixer bé un país n'has de conèixer la llengua. Si no, et quedes només amb una successió de postals sense vida.

B El viatge dels meus somnis és aquell que sempre queda per fer. Fins fa poc eren les illes Marqueses, però hi acabo d'anar i puc dir que no m'ha decebut gens ni mica. Tot, en aquell paisatge, sembla dissenyat per complaure els somnis més exigents. El somni que ara em queda pendent és l'Antàrtida. M'atrauen els llocs extrems i desolats.

- [B] 1. El viatge dels teus somnis?
- [D] 2. Una decepció?
- [E] 3. Un lloc per tornar?
- [S] 4. Indispensable a la maleta?
- [I] 5. Descans o activitat?
- [F] 6. Sol o acompanyat?
- [K] 7. Un poble amb el qual t'identifiques?
- [C] 8. Mar o muntanya?
- [G] 9. La nit o el dia?
- [L] 10. Una escapada per fer un tast?
- [M] 11. Una escapada per fer un xarrup?
- [N] 12. Què és el primer que fas quan arribes a un lloc?
- [O] 13. Com creus que et va néixer l'afició per viatjar?
- [P] 14. Hi ha cap viatge que creguis que t'hagi marcat?
- [R] 15. Parlant de conèixer noves cultures. Quin és el costum o la manera de viure que més t'ha sobtat dels llocs on has estat?
- [J] 16. Què recordes d'un lloc, el paisatge o la gent que hi coneixes?
- [A] 17. Conèixer la llengua del país ajuda a conèixer millor la gent que hi viu?
- [Q] 18. Què en penses del turisme que ve a Catalunya?
- [T] 19. Una anècdota?
- [H] 20. El teu proper viatge?

C El mar quan no està espatllat per la massificació.

D El retorn a Katmandú, trenta anys després. El que era un lloc meravellós s'ha venut al turisme i al comerç més descarat.

E M'enamoro dels llocs que visito i sempre procuro tornar-hi, però si n'he de destacar un, aleshores aniria un altre cop a les terres altes d'Etiòpia i, en concret, el llac Tana, on neix el Nil Blau, i la ciutat de Lalibela, on un rei va fer construir a l'Edat Mitjana una Jerusalem en petit, amb esglésies excavades a la roca. M'agrada molt Àfrica i m'agrada la història d'Etiòpia, que té lligams amb la Reina de Saba i on diuen que hi ha oculta l'Arca de l'Aliança.

F Depèn. Si és acompanyat, que sigui amb algú que m'hi avingui molt.

G El dia. No em vull perdre els canvis de llum, sobretot quan cau el vespre.

H Serà a Uganda, a les Fonts del Nil. Trobo que Àfrica és un continent molt interessant, on descobrim coses de nosaltres mateixos que la civilització occidental ha camuflat, i on podem seguir el rastre dels grans descobridors. Uganda, en aquest sentit, és ideal.

I Una mica de cada. Cada cosa al seu temps.

J Tot va junt. Diria que recordo el marc, el paisatge, però sense la gent no seria res. En aquest sentit, m'agrada molt la tornada a casa, quan els records es van sedimentant i et quedes amb la part bona del viatge, amb la gent amb qui has parlat, amb algun paisatge meravellós...

K L'islandès, perquè he anat moltes vegades a Islàndia i cada vegada m'agrada més, tant el país com la seva gent. Es tracta d'un país petit, amb només 300.000 habitants, però amb una gran vitalitat cultural, amb el tresor de les sagues, un Premi Nobel de Literatura, Halldór Laxness, i una cantant de la dimensió de la Björk. Els islandesos són aparentment freds, però quan els vas coneixent, descobreixes que són uns grans conversadors i que tenen una cultura molt arrelada.

L Nova York, perquè hi ha restaurants de tota mena amb uns ambients molt originals. A l'hora de menjar, valoro tant el que hi ha al plat com el que t'envolta, i en aquest sentit Nova York és perfecte.

M Reykjavik, perquè les nits a Reykjavik són úniques, especialment a l'estiu, quan pots veure el sol de mitjanit. Al centre de la ciutat, a l'anomenat districte 101, hi ha molts bars musicals on pots beure i parlar fins a la matinada. Quan en surts i veus la llum càlida del sol de mitjanit no voldries ser a cap altre lloc.

N Donar-me temps. Passejar pel carrer, prendre una cervesa en un bar... L'important quan arribes és agafar el pols del país i mirar les cares de la gent, la seva manera de fer. Penso que la pressa és mala consellera i que el gran luxe quan viatges és disposar de temps.

O La passió per la novel·la d'aventures em va desvetllar ben d'hora la necessitat de viatjar. Als dinou anys vaig anar a treballar a Estocolm. Hi vaig rentar plats per fer diners a l'estiu, i a la tornada, amb tres amics, vaig marxar al Marroc, on vaig iniciar un costum que marcaria la meva obra posterior: el viatge pròpiament dit i la narració d'aquest viatge.

P De tots els viatges n'aprens alguna cosa. Un viatge proporciona un coneixement de primera mà sobre com viuen i entenen la vida altres cultures i es pren consciència que el món és diferent. Viatjar hauria de ser una assignatura obligatòria. Si n'haig de dir un que m'ha marcat especialment, diria que les illes Marqueses, a la Polinèsia. Descobrir que el Paradís existeix és un xoc molt fort.

Q Hi ha de tot i generalitzar no és bo. El turisme de sol, platja i diversió el trobo lamentable, perquè rarament s'interessa pel país on va. M'agraden els turistes que s'interessen per la cultura del país i que tenen una curiositat que els fa anar més enllà del que diu la guia.

R M'ha sobtat, a Islàndia, per exemple, la festa del Thorrablót, al mes de febrer, quan menges tauró podrit per recordar els vells temps víkings. A l'Àfrica m'ha sobtat, en els llocs on practiquen l'animisme, veure com la gent vessa aigua sobre les arrels dels baobabs perquè pensen que en aquests arbres hi viuen els esperits dels avantpassats.

S El bitllet, el passaport i els diners. I, segons on, el repel·lent dels mosquits.

T Recordo que fa més de vint anys, a Taüll, quan vaig anar a visitar l'església romànica (una meravella), em van confondre amb un japonès. El guarda esperava un equip de la televisió japonesa i no es creia que jo fos català. Vam estar parlant una bona estona en català i al final em va dir: «Segur que no és japonès?». I d'un viatge llunyà pot ser de Burkina Fasso, on em va rebre el rei d'uns poblats del sud. Quan li vaig preguntar si podia fer alguna cosa per ell, va respondre: «M'aniria bé tenir una moto... per poder visitar els meus súbdits». A la tornada vaig fer gestions per aconseguir-ne una, però no va ser possible. Llàstima.

TASCA FINAL:

Prepara les preguntes per fer una entrevista a un company de la classe sobre viatges, com el model. Fes-li l'entrevista, escriu-la i posa-hi un títol. En grup. Intercanvieu-vos les entrevistes i comenteu-les. Decidiu qui és la persona que té l'esperit més viatger.

UNITAT 2

EXPLICA-M'HO!

L'últim retrat

Has vist mai aquesta imatge? Què et fa pensar? Per què deuen dibuixar la silueta a terra? T'agraden les pel·lícules, les sèries de televisió o les novel·les de misteri? Quines recordes?

TASCA FINAL: Escriure una nota de premsa sobre un assassinat i triar la més versemblant

OBJECTIUS I CONTINGUTS

APRENDREM A	• Contrastar rutines i fets puntuals • Deduir sospites i treure conclusions • Descriure persones per la seva manera de ser • Elaborar un interrogatori • Explicar anècdotes poc usuals i reaccionar-hi	• Explicar un text dialogat • Fer la síntesi d'una narració • Fer suposicions i hipòtesis • Narrar un fet
I FAREM SERVIR	• Connectors: tot i que, per culpa de, per això... • Estil directe i estil indirecte • Estructures per fer hipòtesis i suposicions • Expressions per reaccionar davant d'anècdotes poc usuals • Expressions temporals: de cop i volta, al cap d'una estona...	• Imperfet d'indicatiu: deure • Participis • Passat perifràstic, imperfet, perfet i plusquamperfet d'indicatiu • Pronoms febles d'objecte indirecte • Adjectius relacionats amb la manera de ser de les persones • Lèxic relacionat amb la delinqüència

Qui és qui?

1 En grup. Com és un detectiu? Què fa? Quins casos acostuma a investigar? Quines característiques ha de tenir? I un comissari? I un delinqüent? Relacioneu els noms dels autors amb els personatges de ficció que han creat. Tots són detectius o policies, excepte un, que és un delinqüent, sabeu qui és?

- l'amant
- l'assassinat (m)
- difunt – difunta
- la coartada
- el crim
- el / la criminal
- l'engany (m)
- l'estafa (f)
- hereu – hereva
- el lloc dels fets
- mort – morta
- el robatori
- el suïcidi
- la víctima

- acusar
- amenaçar
- confessar
- declarar
- delatar
- detenir
- esbrinar
- escorcollar
- interrogar
- investigar
- jutjar
- perseguir
- revelar
- segrestar
- seguir
- sospitar

Autors	Personatges
Agatha Christie	Arsène Lupin
Andrea Camilleri	Auguste Dupin
Andreu Martín	Flanagan
Arthur Conan Doyle	George Smiley
Dashiell Hammett	Guido Brunetti
Donna Leon	Hèrcules Poirot i Miss Marple
Edgar Allan Poe	Lew Archer
Erle Stanley Gardner	Maigret
Georges Simenon	Pepe Carvalho
John le Carré	Perry Mason
Manuel Vázquez Montalbán	Philip Marlowe
Maurice Le Blanc	Philo Vance
Patricia Highsmith	Salvo Montalbano
Raymond Chandler	Sam Spade
Ross Macdonald	Sherlock Holmes
S.S. Van Dine	Tom Ripley

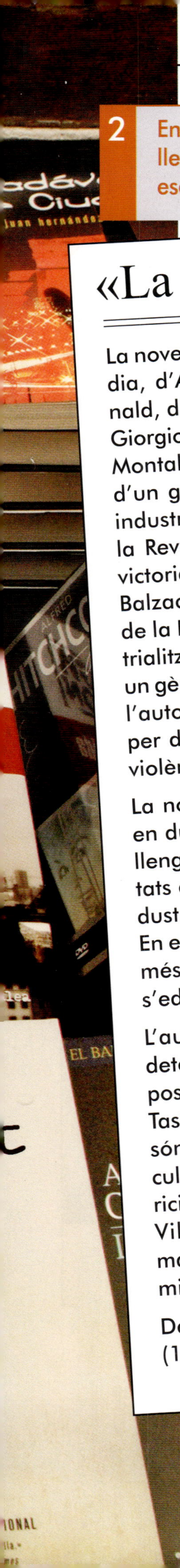

2 En grup. Llegiu aquest resum sobre la novel·la policíaca i expliqueu-vos si heu llegit algun dels autors que hi apareixen, si en coneixeu que no siguin en aquest escrit, si us agrada aquest gènere...

«La novel·la policíaca, també en català?»

La novel·la policíaca que coneixem avui dia, d'Agatha Christie a Ross Macdonald, de Simenon a Chester Himes, de Giorgio Scerbanenco a Manuel Vázquez Montalbán, és el producte de l'evolució d'un gènere que neix amb la societat industrial, a la França de després de la Revolució Francesa i a l'Anglaterra victoriana (amb algun antecedent com Balzac i Edgar Allan Poe), i que a partir de la Primera Guerra Mundial s'industrialitza als Estats Units i es converteix en un gènere popular. És Dashiell Hammett l'autor que socialitza el relat policíac, per denunciar la societat industrial, la violència institucional...

La novel·la policíaca es fa bàsicament en dues llengües: anglès i francès. Les llengües més minoritàries tenen dificultats en aquest gènere per la falta d'industrialització de la producció editorial. En el cas català, aquestes dificultats són més grans perquè el llibre de consum s'edita regularment en espanyol.

L'autèntica arrencada de la novel·la detectivesca catalana es produeix a la postguerra franquista, i es deu a Rafael Tasis (1906-1966) amb tres obres que són mostres magnífiques d'adaptació cultural, en les quals cal destacar l'aparició de personatges fixos: el comissari Vilagut i el periodista Caldes. Així mateix, Tasis realitzarà algunes de les millors traduccions del gènere.

De seguida apareix Manuel de Pedrolo (1918-1990), literat avantguardista alhora que apassionat de la novel·la de gènere i militant incansable per la normalització de la lectura en català. En el camp específic de la novel·la detectivesca publica *L'inspector arriba tard* (1960), *Joc brut* (1965) i *Mossegar-se la cua* (1968) i fa nombroses traduccions. La figura de Pedrolo és central, també, com a impulsor de la primera col·lecció especialitzada, la mítica *La Cua de Palla* (1963-1970), que fa disponibles en català els clàssics de la novel·la negra, sobretot anglosaxona, juntament amb Simenon i amb alguns títols del mateix Pedrolo.

Ja en el nou context sociocultural dels anys setanta, Jaume Fuster (1945-1998) reprèn la novel·la detectivesca en la llengua del país. És als anys vuitanta, amb nous condicionaments sociopolítics, quan es produeix la gran aparició de la novel·la detectivesca en català, tant de producció pròpia com traduïda. Es generalitza llavors el terme *novel·la negra*. A Jaume Fuster i al col·lectiu Ofèlia Dracs s'hi sumen tot d'autors procedents de la literatura general, com Josep Maria Palau, Maria Antònia Oliver, Antoni Serra, Margarida Aritzeta, Isabel-Clara Simó... N'hi ha que s'hi dediquen més o menys en exclusiva, com Ferran Torrent, Andreu Martín, Albert Draper i Magí Rosselló. També les traduccions d'autors conegudíssims són massives: Edgar Allan Poe, Arthur Conan Doyle , amb el seu Sherlock Holmes, Agatha Christie, Simenon... D'altra banda, les reimpressions d'aquests clàssics es multipliquen i es llança novament la col·lecció *La Nova Cua de Palla*.

En grup. Quins ingredients ha de tenir una història de misteri o policíaca?

Confessa!

3 En dos grups A i B. Escolteu un tros adaptat de la novel·la *La dama del llac* de Raimond Chandler. El grup A pren notes del que diu el detectiu Philip Marlowe i el grup B, del que diu el senyor Kingsley.

En parelles. Una persona del grup A i una del grup B. Escriu el diàleg possible que van tenir els dos personatges.

SENYOR KINGSLEY:	Quant vol cobrar, Marlowe?
PHILIP MARLOWE:	Miri, vull cobrar vint-i-cinc papers diaris.

El detectiu Marlowe li va preguntar què havia de fer i el senyor Kingsley li va explicar que havia de buscar la seva dona.

El detectiu Marlowe li va demanar quan va desaparèixer / havia desaparegut la seva dona i el senyor Kingsley li va dir que va desaparèixer / havia desaparegut la setmana passada.

El detectiu Marlowe li va preguntar què havia fet / va fer per trobar la seva dona i el senyor Kingsley li va respondre que no havia fet / va fer res.

El senyor Kingsley va assegurar que la seva dona es casaria amb el Chris.

PLUSQUAMPERFET D'INDICATIU	accions acabades en un moment anterior a un altre moment en el passat

PLUSQUAMPERFET D'INDICATIU

havia havies havia havíem havíeu havien	participi

4 En parelles A i B. Llegeix el fragment i explica'l a la teva parella. L'hauràs d'explicar en estil indirecte.

A

CÒMPLICE:	Però per què han fet aquesta vigilància? No es pensen que és un suïcidi?
POLICIA:	No ho hem cregut mai.
CÒMPLICE:	Però semblava un suïcidi.
POLICIA:	Sí, ho semblava. Però vostè ha comès una falta important. Pel que sembla no sap que el coronel Virós tenia el braç dret paralitzat. Només podia fer servir l'esquerre. En canvi la pistola està situada de manera que només s'ha pogut disparar amb la dreta. No l'hi ha dit, ella, que el coronel no podia fer servir la dreta?
CÒMPLICE:	No.
POLICIA:	Des del primer moment hem sospitat que es tractava d'un assassinat, i que molt probablement el va cometre algú de la família, més concretament l'hereva.
CÒMPLICE:	Ella?
POLICIA:	Sí, ella, però tenia una coartada indestructible. Sempre hem sabut que només havíem d'esperar. Ens dèiem: hi ha un còmplice i, un moment o altre, sortirà. Ja veu que teníem raó.

Manuel de Pedrolo, *Joc brut* (text adaptat)

B

El comissari Brunetti i l'assistent Vianello van saltar de la barca.

COMISSARI:	On és?
HOME:	És allà.
COMISSARI:	Qui l'ha trobat?
HOME:	L'he trobat jo.
COMISSARI:	On l'ha trobat? I quan?
HOME:	L'he trobat allà, a uns dos-cents metres de la costa, just a la boca del Canale di Ca'Roma.
COMISSARI:	Quan l'ha trobat?
HOME:	Fa una hora més o menys. L'he vist al mig del mar, però m'hi he estat una estona per poder-la portar. Com que vaig sol amb la meva barca, no l'he pogut pujar.
ASSISTENT:	I què ha fet, doncs?
HOME:	L'he arrossegat. És l'única manera d'arribar fins aquí.
COMISSARI:	L'ha reconegut?
HOME:	Sí que l'he reconegut, és la senyora Follini. Me'n recordaré per sempre més.

Donna Leon, *Un mar de problemes* (text adaptat)

On és? — Li va preguntar on era.

L'has vist? — Et va preguntar si l'havies vist.

No ho sabem. — Em van dir que no ho sabien.

INFINITIU	PARTICIPI
desaparèixer	desaparegut
cometre	comès
creure	cregut
poder	pogut
saber	sabut

pronoms d'objecte indirecte

davant del verb		darrere del verb	
em	m'	-me	'm
et	t'	-te	't
li	li	-li	-li
ens	ens	-nos	'ns
us	us	-vos	-us
els	els	-los	'ls

assegurar
comunicar
confessar
contestar
demanar
dir
explicar
preguntar
respondre

llavors
aleshores
després

En grup. Cada grup està format per 4 persones que han treballat el mateix text, A o B. Heu d'escriure el text narrat en estil indirecte i llegir-lo en veu alta a la resta de la classe, que ha de decidir quin és el que reflecteix millor el text dialogat.

Robatoris i interrogatoris

5 En parelles. Llegeix el text i completa'l amb els connectors del quadre. No hi han d'anar tots i n'hi ha que es poden repetir. Escolta la narració i comprova si hi has posat els mateixos connectors.

per expressar oposició	*però, en canvi, tot i que, encara que*
per expressar causa	*perquè, com que, ja que, per culpa de*
per expressar conseqüència	*per tant, així (doncs), doncs, per això*
per expressar inclusió / exclusió	*a més, també, tampoc (no), sinó (que), excepte, tret de*

Fa anys el meu home i jo vam anar de viatge per les vacances de setmana santa. A la tornada, ______________ [1] trànsit, vam arribar a casa tard, cansats, pensant que l'endemà havíem d'anar a treballar. Quan vam sortir de l'ascensor, ens vam adonar de seguida que la porta del pis estava mal tancada. Vam pensar el pitjor i no ens vam equivocar. Penjat a la porta hi havia un paper que deia: "Per denunciar el robatori aneu a la comissaria més pròxima". Quin ensurt! Jo estava a punt de marxar corrent i dir: «Això no és casa meva, me'n vaig...» ______________ [2] vaig haver de fer el cor fort i tirar endavant. Quin merder! La roba de l'armari era tota per terra, la personal i la de casa. A l'estudi ______________ [3] no hi havia res al seu lloc. Els calaixos estaven buits i tots els papers eren per terra; ______________ [4], els llibres no els havien tocat. ______________ [5] em van robar les joies, ______________ [6] unes quantes que s'havien deixat sobre el llit... poques. El televisor i l'aparell de música no se'ls van endur, ______________ [7] devien pensar fer-ho, perquè estaven desconnectats. Els quadres no els havien ni tocat, ______________ [8] n'hi havia algun de bo. Estàvem nerviosos, desorientats i, sobretot, emprenyats. Vam decidir que havíem de fer el que deia la nota; ______________ [9], vam anar a la policia per denunciar el robatori.

Afortunadament les comissaries d'ara no són com les de llavors, ______________ [10] prefereixo no haver-hi d'anar. Quan ens va tocar el torn, un policia, davant d'una màquina d'escriure de l'era dels dinosaures (val a dir que en aquella època els ordinadors encara eren força desconeguts), va posar-hi dos fulls de paper separats per un paper còpia i va començar l'interrogatori, a mesura que anava teclejant suposadament el que nosaltres anàvem dient. A mi em semblava que érem en una pel·lícula. Les preguntes eren tan rutinàries com absurdes, i nosaltres ens limitàvem a contestar, ______________ [11] rutinàriament. A l'hora d'explicar què havíem trobat a faltar, jo vaig anar dient les coses que recordava que no hi eren. D'entre les joies, em faltava un petit rellotge d'estil modernista que m'havia regalat una persona que m'estimava molt i ______________ [12] em feia molta pena haver-lo perdut. Quan li vaig dir al poli: «______________ [13], em falta un rellotge modernista», ell em va replicar: «Deu voler dir: modern». «______________ [14] no –li vaig dir jo–, vull dir modernista». No em va contestar a mi ______________ [15] es va dirigir al meu home i, d'home a home, va dir-li: «Està nerviosa, oi?» En aquell moment, l'hauria mort; després ens vam fer un tip de riure.

En grup. Us heu trobat mai, vosaltres o algú que conegueu, en una situació similar a la de l'activitat anterior? Penseu que aquests titulars es poden llegir en diaris de tots els països?

Atraquen uns turistes pel carrer i els roben la cartera, que era buida perquè els acabaven d'atracar

MATA LA SEVA DONA I DESPRÉS SE SUÏCIDA

ASSALTEN UNA SUCURSAL BANCÀRIA I S'ENDUEN ELS CLIENTS COM A OSTATGES

ESTREBADES: ELS ROBATORIS MÉS FREQÜENTS A TURISTES

UNS CRIMINALS S'ESCAPEN DE LA PRESÓ AMB LES ARMES DELS VIGILANTS

UNS LLADRES SILENCIOSOS ENTREN EN UNA CASA, ROBEN LA CAIXA FORTA I APALLISSEN EL FILL DEL PROPIETARI

el / la criminal
el / la lladre
l'ostatge
la presó
el / la vigilant

apallissar
assaltar
atracar
escapar-se
matar
robar
suïcidar-se

6 En grup. Llegiu les expressions, marqueu les que desconeixeu i demaneu als altres grups si les coneixen. Escolteu com s'entonen. Trieu dues o tres expressions per a cada titular de l'activitat anterior. Coincidiu?

AIXÒ RAI! *(hi ha coses més seriosos)*	I COM HA ESTAT AIXÒ?	ÒNDIA!
CARAM! *(– sorpresa)*	I COM VA ANAR? *(explica'm els detalls)*	OSTRES!
COLLONS!	JA POTS COMPTAR... *(no pot ser = veritat)*	POTS PENSAR...
DE DEBÒ? *(– really?)*	N'ESTÀS SEGUR / SEGURA?	QUÈ DIUS, ARA!
DÉU N'HI DO *(sorpresa, but you believe it.)*	NO FOTIS! *(sorpresa)*	QUE FORT!
DIGUES, DIGUES...	NO M'HO ACABO DE CREURE... *(no pot ser veritat – una part)*	SÍ, HOME! *(reafirmació – no pot ser)*
HÒSTIA!	NO N'HI HA PER A TANT! *(no està greu)*	VAJA! *(frustració, sorpresa)*
I ARA! *(no pot ser)*	NO POT SER!	VES PER ON... *(ironic – doesn't surprise me.)*
		VOLS DIR?

En grup. Expliqueu-vos anècdotes que us hagin passat sobre robatoris, denúncies, contactes amb la policia... Feu servir connectors per lligar la vostra història. Trieu l'anècdota més curiosa o divertida i expliqueu-la a la resta de la classe.

La realitat supera la ficció?

7 En grup. Sabeu què és una llegenda urbana? Llegiu els títols que corresponen a algunes llegendes urbanes. Sabeu o imagineu quines històries hi ha darrere dels titulars? Feu suposicions de què devia passar.

ES CANVIA EL COTXE AMB LA GUÀRDIA CIVIL

EL GOSSET TAILANDÈS

ENTERRAT AMB EL MÒBIL

LA NOIA DEL REVOLT

SENSE EL CADÀVER DE LA IAIA

ELS LLADRES AGRAÏTS

En grup. Llegiu les llegendes urbanes següents, poseu-hi un dels títols anteriors i trieu les que us hagin cridat més l'atenció. Comproveu si coincidiu amb altres grups. Quines exclamacions us suggereixen aquestes llegendes?

Un company explica el que li va passar a l'amic d'un amic que havia anat a un enterrament. Resulta que quan tots els familiars eren al cementiri amb llàgrimes als ulls, a punt de donar sepultura al difunt, se sent el timbre d'un telèfon mòbil. La primera reacció, la que tenim tots de manera instintiva quan sona un mòbil: mirar si és el nostre. Però es veu que al cementiri tothom havia fet el gest i el mòbil continuava sonant. Algunes versions expliquen que l'aparell que sonava era el del mort que estava a punt de ser enterrat. D'altres diuen que el so del telèfon provenia de l'interior d'un nínxol, on es veu que feia un parell de dies hi havien enterrat un executiu que no només no podia viure sense el mòbil, sinó que tampoc no va poder morir sense ell.

És la història de la típica família que carrega el cotxe i se'n va –amb canari i iaia inclosos– de vacances a l'estranger. De tornada cap a casa la iaia té un infart i es mor. El pare de família, per evitar complicacions i per estalviar-se l'elevat cost que suposa traslladar un cadàver d'un país a un altre, fa el cor fort i decideix tornar cap a casa amb el cos de la iaia dins el cotxe –algunes versions expliquen que la van embolicar i la van carregar a la baca. Sigui com sigui, la família s'atura en una àrea de servei per dinar i quan decideix pagar el compte i reprendre el viatge de retorn a casa... sorpresa! Una banda d'aquestes que actua a les àrees de servei s'ha endut el cotxe, les maletes i... el cadàver de la iaia!

Aquesta és la història d'un home que un matí s'aixeca i s'adona que li han robat el cotxe que tenia estacionat al carrer. El primer que fa és anar a denunciar el robatori, però quan torna s'adona que el vehicle torna a ser al seu lloc, amb una nota en què li demanen excuses per haver agafat el cotxe sense permís i li ofereixen dues entrades per a un espectacle que es fa aquella nit. L'home s'adona també que li han netejat el cotxe. Després de sopar, decideix aprofitar les entrades i va al teatre. Mentrestant, els lladres aprofiten el temps i li buiden el pis.

Una nit de pluja un camioner que circula per una carretera plena de revolts s'atura per recollir una noia vestida de blanc que fa autoestop. El camioner li pregunta què fa en un lloc com aquell a aquella hora, però la jove es limita a contestar que és una història massa llarga. Abans d'arribar a un revolt molt tancat, la noia fa un crit, i quan el conductor es gira per saber què ha passat la jove ha desaparegut. Desconcertat, para al municipi següent per explicar què li ha passat i per intentar esclarir els fets. La Guàrdia Civil, que no és la primera vegada que sent la història, li ensenya la fotografia de la desconeguda, una noia que havia mort en un accident en aquell revolt.

Es veu que una parella de nuvis se'n va de viatge de noces a Tailàndia. Passejant pels carrers de la capital es troben un gosset que els persegueix nit i dia. La parella s'encapritxa de l'animaló i se l'emporta a l'habitació de l'hotel, primer, i cap a casa, després. Però es veu que el nouvingut no es fa gaire amic del gat que ja vivia amb la parella i un dia se'l troben mort i mig menjat. Espantats, porten el gos al veterinari, que els informa que allò no és un gosset innocent, sinó una rata sanguinària tailandesa. Diuen que la parella va haver d'estar una temporada en quarantena.

Saps què li va passar dissabte passat a l'amic d'un amic meu? Resulta que tornava d'una discoteca cap a casa, conduint el tot terreny que li havia comprat el seu pare –les primeres versions parlen d'un últim model caríssim– i el va parar la Guàrdia Civil per fer-li una prova d'alcoholèmia. Com que havia begut més del compte li van dir que s'esperés una estona, que el tornarien a fer bufar. Però veient que la cosa no baixaria tan fàcilment, l'amic del meu amic va aprofitar la distracció de les forces de seguretat, arran d'un accident que hi havia hagut a la vora, per pujar al cotxe i marxar. L'endemà, quan encara dormia, la Guàrdia Civil es va presentar a casa seva per arrestar-lo: amb les presses s'havia equivocat de jeep!

En grup. Expliqueu-vos llegendes urbanes o alguna anècdota poc creïble que conegueu. Trieu la millor i expliqueu-la a la resta de la classe.

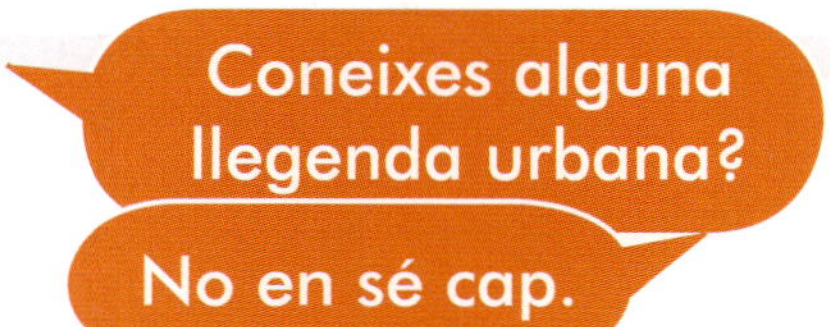

El mort vivent

8 En grup. Mireu el títol de l'activitat i les dades de la família Darwin. Us suggereixen alguna cosa? Recordeu si van tenir algun problema? Heu llegit alguna notícia sobre aquesta família?

JOHN DARWIN: 57 anys, anglès, exfuncionari de presons

ANNE DARWIN (dona de John): 55 anys, anglesa, recepcionista en un consultori mèdic

MARK DARWIN (fill): 32 anys, anglès, empleat en una empresa internacional dedicada a la construcció i la transacció d'habitatges

ANTHONY DARWIN (fill): 29 anys, anglès, empleat en una companyia d'assegurances

En tres grups. Llegiu les informacions dels quadres i escriviu les frases, en el passat corresponent, de totes les dades que s'hi donen. Després, ordeneu-les i expliqueu-vos què va passar, utilitzant connectors.

A

JOHN DARWIN	• gener de 2002: es fa una assegurança de vida • té molts deutes • març de 2002: surt a navegar amb una canoa • desapareix al nord-oest d'Anglaterra i no deixa cap pista
ANNE DARWIN	• març de 2002: denuncia la desaparició del seu marit • accepta que el seu marit és mort • abril de 2003: rep el certificat de defunció i els diners de l'assegurança • cancel·la un crèdit i continua treballant de recepcionista
ANTHONY I MARK	• s'assabenten de la mort del seu pare i s'entristeixen molt
POLICIA	• fa una recerca intensiva i no troba cap senyal de vida • troba restes de la canoa
JUTGE	• 2003: declara que John Darwin és mort

El gener de 2002 John Darwin **s'havia fet** una assegurança de vida.

B

JOHN DARWIN	• març de 2002: té deutes i simula la seva desaparició per cobrar l'assegurança de vida • febrer de 2003: torna a casa seva, hi viu amb la seva dona • surt al carrer disfressat i s'amaga a la casa del costat quan hi ha visites • 2005: viu a Panamà amb la seva dona • 2007: torna a Anglaterra perquè vol veure els seus fills
ANNE DARWIN	• creu que el seu marit és mort • febrer de 2003: s'assabenta que el seu marit és viu • compra un casa al costat de la seva, per amagar-hi el seu marit • octubre de 2007: ven totes dues cases i obre un compte a Panamà
ANTHONY I MARK	• viuen independitzats • no queda clar si coneixen l'engany
POLICIA	• 2006: veu una fotografia a Internet del matrimoni Darwin a Panamà • 2007: sap que Anne Darwin viatja de Panamà a Florida i no sap si pensa tornar a Anglaterra

El març de 2002 John Darwin **tenia** deutes i **va simular** la seva desaparició per cobrar l'assegurança de vida.

C

JOHN DARWIN	• 1 de desembre de 2007: es presenta a una comissaria de Londres • diu que no recorda res, ni per què es presenta a la comissaria • es contradiu en les declaracions • confessa la simulació de la seva mort amb la complicitat de la seva dona
ANNE DARWIN	• 9 de desembre de 2007 torna al Regne Unit i declara que el 2002 accepta la proposta del seu marit de simular la seva mort perquè tenen deutes • admet que la fotografia d'ella i el seu marit feta el 2006 a Panamà és autèntica
ANTHONY I MARK	• diuen que no saben res de l'engany i estan emocionalment destrossats • Anthony deixa la feina l'agost de 2007 • Mark deixa la feina un dia abans de la tornada del seu pare
POLICIA	• 5 de desembre de 2007: arresta John Darwin sota sospita de frau • 9 de desembre de 2007: deté Anne Darwin a l'aeroport de Manchester
JUTGE	• acusa John Darwin d'aconseguir un passaport fals i d'enganyar la companyia d'assegurances • acusa Anne Darwin de ser còmplice del delicte

L'1 de desembre de 2007 Jonh Darwin es va presentar a una comissaria de Londres.

imperfet d'indicatiu	rutines personals, descripció en passat o circumstàncies
passat perifràstic d'indicatiu	ordenació cronològica d'accions passades en un passat que no inclou el present
plusquamperfet d'indicatiu	accions acabades en un moment anterior a un altre moment en el passat

En grups de tres. Una persona de cada grup de l'activitat anterior. Expliqueu el vostre tros de la història. Què en penseu d'aquest cas? Us creieu el que diuen els Darwin? Feu suposicions del que devia passar realment.

IMPERFET D'INDICATIU
DEURE
devia
devies
devia
devíem
devíeu
devien

deure (imperfet d'indicatiu)	+ infinitiu
potser segons sembla	+ indicatiu (passat)
em fa l'efecte tinc la impressió crec / penso	que + indicatiu (passat)
vés a saber	si + indicatiu (passat)
i a veure	si + indicatiu (passat)?

Escriu la veritable història del que va passar i posa-hi un títol.

Un dia de març de l'any 2002 Jonh Darwin va sortir a navegar amb la seva canoa...

Lligar caps

9 En grup. Mireu aquests titulars apareguts a diversos diaris respecte d'un segrest que hi va haver a Catalunya l'any 1994. En sabeu res? Digueu paraules relacionades amb segrestos i casos de delinqüència en general. Mireu si són al quadre i assegureu-vos que les enteneu.

SEGRESTADA UNA FARMACÈUTICA A OLOT

MISTERI ENTORN EL SEGREST

FI DEL SEGREST MÉS LLARG FET MAI A L'ESTAT ESPANYOL

492 DIES DE SEGREST

- l'acusació (f)
- l'alliberament (m)
- l'amagatall (m)
- l'amenaça (f)
- el / la còmplice
- la confessió
- la declaració
- la detenció
- la fiança
- la innocència
- la investigació
- el jutjat
- el mòbil (del crim / del segrest)
- la pista
- el / la policia
- el / la portaveu
- la presó
- el rescat
- el segrest
- la sospita

10 En grups A i B (el grup A, en aquesta pàgina i el B, a la pàgina següent). Llegiu els paràgrafs en veu alta i ordeneu-los.

A

EL SEGREST DE LA FARMACÈUTICA D'OLOT

3 Al migdia, Maria Àngels Feliu va sortir al carrer i va dir davant de la multitud de periodistes que s'hi havia reunit que no volia parlar del futur, que només pensava a menjar-se un plat d'arròs o una truita de patates. Va explicar que les condicions de la seva captivitat havien millorat amb el pas del temps, malgrat que l'amagatall era molt petit. També va dir que només tractava amb un dels segrestadors, el que li duia el menjar, el qual sempre li parlava en castellà.

1 A les 3.15 de la matinada del diumenge 27 de març de 1994 es va posar fi al segrest més llarg fet mai a l'Estat espanyol. La farmacèutica d'Olot, Maria Àngels Feliu, va aparèixer al quilòmetre 24 de la carretera Nacional 152, després de gairebé cinc-cents dies de captivitat. Els treballadors de la benzinera Els Xops van veure una dona coberta amb una manta, arrossegant unes vambes que li anaven grans, que es va adreçar a un dels empleats i li va dir: «Miri, sóc la Maria Àngels Feliu.»

5 Des d'aquell dia fins al seu alliberament, els mitjans de comunicació van recollir notícies estranyes i contradictòries sobre el segrest. El primer fet objectiu va ser la detenció, el 1993, de Joan Casals i Xavier Bassa, després que el delinqüent Francisco Evangelista va declarar a la policia que li havien proposat segrestar una farmacèutica d'Olot. Però hi havia altres coses poc clares, com la possible participació en el segrest del pare de Maria Àngels, o el possible pagament del rescat, fet que sempre va ser desmentit pel portaveu de la família.

2 Maria Àngels Feliu va arribar a casa seva a dos quarts de vuit del matí dins d'un cotxe de la Guàrdia Civil procedent de Barcelona, on la segrestada havia estat visitada a l'Hospital de Sant Pau. El doctor Josep Lloret va dir que estava bé. Quan va arribar a casa seva, Maria Àngels es va abraçar al seu germà a l'aparcament on l'havien segrestat. També hi havia els seus pares. El seu marit i els tres fills acabaven d'arribar de la seva torre de Llanars, on havien passat el cap de setmana.

4 La història del segrest va començar la nit del dia 20 de novembre de 1992. Aquell dia, després de sortir de la farmàcia familiar i d'estar-se una estona en un bar amb els seus amics i companys de feina, Maria Àngels Feliu es va adreçar amb el seu cotxe cap al pàrquing de l'edifici d'Olot on vivia. Aleshores dues o tres persones encaputxades es van endur Maria Àngels del garatge amb el seu cotxe.

6 Les declaracions de la segrestada l'endemà dels seu alliberament no van aportar cap mena de llum a la investigació judicial, tot al contrari, ja que Maria Àngels Feliu va afirmar que no tenia pistes sobre els seus segrestadors. Ni de les declaracions de nous testimonis ni de les proves practicades als detinguts, que van resultar negatives, no se'n va poder desprendre cap nova pista per poder avançar en les investigacions d'aquest segrest.

B SIS DETENCIONS RESOLEN L'ENIGMA DEL SEGREST D'OLOT

4 La dona de Ramon Ullastre va donar el nom de pila i una descripció física d'Iñaki, el vigilant que Feliu sempre havia destacat en les seves declaracions i a qui havia agraït públicament el tracte rebut. La jutgessa va deixar Teixidó en llibertat sota fiança. El 13 de març, José Luis Paz, el quart detingut, es va refermar en la seva declaració d'innocència, però la jutgessa va declarar presó contra ell. Per la seva banda Ullastre va confessar la seva participació en el segrest.

6 El 26 d'agost, la jutgessa va elevar a definitives les acusacions contra els sis detinguts. Finalment, el 24 de setembre, sense haver-se aclarit si s'havia pagat un rescat per l'alliberament de la segrestada, l'advocat de Maria Àngels Feliu va anunciar que la seva representada es presentaria com a acusació particular del cas. Aquest era el final del segrest més llarg produït a l'estat sense mòbil terrorista i el que més sospites havia fet aparèixer en els mitjans de comunicació i en l'opinió pública.

3 En els dies que van seguir a la detenció dels nous inculpats, Guirado va admetre que havia participat en el segrest, forçat, segons ell, per Ullastre, que l'amenaçava d'explicar pràctiques irregulars comeses quan era cap de la policia de Torelló. També va declarar que havia participat només en els preparatius i en la captura de Feliu, però que mai no havia estat a la casa on estava segrestada la farmacèutica.

1 El 8 de març de 1999, quan feia més de sis anys del segrest de Maria Àngels Feliu, la Unitat Operativa de la Guàrdia Civil (UCO) va trametre, al jutjat número 1 d'Olot, un informe sobre la possible participació de dos policies locals d'Olot en el segrest de la farmacèutica. Els agents de la UCO van poder lligar caps a partir de diverses pistes, que els van conduir al primer sospitós, el policia municipal d'Olot, Antonio Guirado, el qual va confessar ser autor del segrest.

Llegiu les preguntes i feu-hi correspondre els paràgrafs que contenen les respostes. Així, podeu comprovar si havíeu ordenat bé el text, ja que les preguntes estan ordenades de manera que, posant les respostes seguides, surt el text ordenat.

Per al grup A

1. On va aparèixer Maria Àngels Feliu, després del seu alliberament?
2. Què va ser el primer que va fer Maria Àngels Feliu quan va arribar a Olot?
3. Què va explicar Maria Àngels Feliu als periodistes?
4. Quan i com va començar el segrest?
5. Quines notícies van donar els mitjans de comunicació sobre el segrest?
6. Què sabia Maria Àngels Feliu sobre els seus segrestadors?

Per al grup B

1. Qui va ser el primer sospitós del segrest de Maria Àngels Feliu?
2. Qui van ser els còmplices del segrest?
3. Què va declarar Guirado, en defensa pròpia?
4. Qui va delatar Iñaki, el vigilant de Maria Àngels Feliu?
5. Segons Iñaki, per què va alliberar Maria Àngels Feliu?
6. Qui es va presentar com a acusació particular del cas?

5 El 16 de març, la Policia va detenir l'home conegut com a Iñaki. Poc després de la seva detenció, el segrestador "menys dolent" va dir que el segrest va ser "un malson" i que havia alliberat Feliu per "raons humanitàries". Iñaki també va aclarir que havia sabut per la premsa que la dona que custodiava era la farmacèutica. El mateix dia, la Guàrdia Civil, va detenir també un altre suposat implicat, Juan Manuel Pérez Funes, a qui s'acusava d'haver participat en la construcció de l'amagatall.

2 Guirado també va revelar el nom dels seus còmplices. Es tractava de Ramon Ullastre, guàrdia forestal de Sant Pere de Torelló, la seva dona, Montserrat Teixidó, i José Luis Paz García, un delinqüent amic de José Zambrano, un altre policia municipal d'Olot, que havia acceptat la proposició de Guirado de participar en el segrest. Guirado va declarar que Feliu havia estat tancada en un amagatall a la casa del matrimoni Ullastre-Teixidó a Sant Pere de Torelló i que l'amagatall havia estat derruït feia un parell d'anys.

11 En parelles (una persona del grup A i una altra del grup B de l'activitat anterior). Fes-te un guió amb l'ordre dels fets i explica'ls a la teva parella. Comença A. Fixa't en els temps dels verbs i utilitza connectors per lligar la narració.

Quan van alliberar Maria Àngels Feliu, va dir que tractava amb un dels segrestadors; en canvi, va afirmar que no tenia pistes sobre qui l'havia segrestat.

La jutgessa no va fer ingressar a la presó Montserrat Teixidor, sinó que la va deixar en llibertat sota fiança.

INFINITIU	PARTICIPI
admetre	admès
agrair	agraït
aparèixer	aparegut
derruir	derruït
detenir	detingut
dur	dut
conduir	conduït
produir	produït
trametre	tramès
veure	vist

En parelles. Fes suposicions sobre les motivacions d'aquest segrest. Coneixes altres segrestos que hagin durat molt temps o que no s'hagin resolt? Tens sospites de qui poden ser els autors? Coneixes els motius dels segrestos?

Elemental, estimat...

12 En grup. Llegiu la notícia. Feu-vos una llista amb les paraules relacionades amb el món de la delinqüència i deduïu-ne el significat, amb l'ajuda del text. Mireu el lèxic dels quadres i busqueu-ne el significat. Acostumeu a llegir notícies o mirar programes de televisió sobre el món de la delinqüència? Penseu que són massa sensacionalistes?

El món de l'ensenyament està de dol

Aquest matí han trobat mort, a casa seva, el senyor Bonifaci C. D. L'ha trobat la veïna del pis del davant, a les deu del matí. El cos no mostrava cap cop, ni cap ferida d'arma de foc, ni d'arma blanca, ni senyals de violència. Tampoc no sembla que el mòbil del crim sigui un robatori, perquè la policia ha escorcollat el pis i l'ha trobat ben endreçat. Sembla que tot era al seu lloc i que no ha desaparegut cap objecte de valor. El Sr. Bonifaci C. D. era professor de català en un reconegut centre d'idiomes de la ciutat. Tenia fama de ser una persona molt estimada pels seus alumnes i estava molt ben considerat pels seus col·legues. Tothom ha trobat sorprenent la seva mort. La policia està investigant, ja que descarta la mort natural. Se sospita que la causa de l'assassinat és l'enverinament.

- el cadàver
- l'homicidi (m)
- l'interrogatori (m)
- la pistola
- el tret
- el verí
- el xantatge

- atacar
- clavar (un ganivet)
- defensar
- enverinar
- estrangular

INFINITIU	PARTICIPI
asseure	assegut
caure	caigut
conèixer	conegut
morir	mort
suspendre	suspès
venir	vingut

13 En tres grups. Escolteu les entrevistes que ha practicat la policia. Cada grup ha de prendre notes i posar en comú el que ha dit un dels entrevistats. Després reuniu una persona de cada grup i expliqueu les dades que heu recollit respecte del senyor Bonifaci i de l'assassinat.

La senyora Benet va anar a casa del senyor Bonifaci perquè sentia la música molt forta.

Aquella nit el senyor Jornet va sentir les passes perquè els del pis de sobre no s'havien posat les sabatilles.

En parelles. Torna a escoltar les entrevistes i digues com era el senyor Bonifaci, segons el que expliquen els veïns. Fixa't en els adjectius del quadre i justifica'ls a partir de les explicacions dels entrevistats. Coincideixes amb altres parelles?

matiner – matinera
estalviador – estalviadora
previsor – previsora
maniàtic – maniàtica
just – justa
net – neta
obert – oberta
respectuós – respectuosa
silenciós – silenciosa
rutinari – rutinària
solitari – solitària
culte – culta
divertit – divertida
presumit – presumida
polit – polida
comunicatiu – comunicativa
alegre
jove
bona persona
ecologista
esportista
elegant
responsable

Jo crec que era **solitari**, perquè vivia sol.

Em sembla que era una mica **maniàtic**, perquè no pujava mai en ascensor.

Segur que era **presumit**, perquè anava molt mudat.

En parelles. Explica què solia fer el senyor Bonifaci normalment i què va fer el dia de la seva mort. Comprova les dades amb les d'altres parelles.

Normalment **es dutxava** cada dia.

Aquell dia **va anar** a sopar amb els alumnes.

En grup. Feu suposicions de què va fer el senyor Bonifaci després del sopar. Amb qui va anar. Per quin motiu el van matar. Digueu de qui sospiteu i per què. Contrasteu les vostres suposicions amb altres grups.

Devia quedar amb alguns alumnes.

Em fa l'efecte que el van matar ahir.

A veure si tenia algun embolic?

Culpable o innocent?

Senyora, què va fer quan va sortir de la pizzeria?

Vaig anar amb el senyor Bonifaci a casa seva.

14 En grups A i B. Mireu el còmic, que reflecteix els moviments del senyor Bonifaci i de dos sospitosos, una dona i un home, que es declaren innocents, encara que confessen haver anat a casa del mort. La meitat de cada grup (el grup A per a la dona i el grup B per a l'home) ha d'elaborar un possible interrogatori i l'altra ha de preparar respostes possibles, segons les accions del còmic. Després feu-vos l'interrogatori.

A

En parelles A i B (A tapa el còmic de B, B tapa el còmic de A). Explica què van fer els personatges del còmic. Intenta lligar l'explicació amb connectors temporals.

- a aquella hora
- al cap d'una estona
- de cop i volta
- (tot just) en aquell moment
- tan bon punt
- finalment
- immediatament
- llavors / aleshores
- més tard
- mitja hora... després / més tard

15 En grup. Escolteu l'explicació que la policia va fer al director del centre on treballava el senyor Bonifaci i feu suposicions de com la policia va arribar a la conclusió de qui era l'assassí.

La policia **devia pensar** que era el típic crim passional.

La policia **devia haver trobat** verí a la pizzeria.

16 En grup. Intenteu respondre la pregunta del director, fent suposicions. Acabeu d'escoltar les deduccions de la policia i comproveu qui de vosaltres estava més encertat.

TASCA FINAL: En grups de 4 persones. Se sospita que dues persones de la classe estan involucrades en l'assassinat del vostre professor, esdevingut entre les 8 del vespre d'ahir i les 10 del matí d'avui. Redacteu una nota de premsa, sobre aquest assassinat i poseu-hi un titular, després llegiu-la a la resta de la classe i decidiu quina és més versemblant. En aquesta nota heu d'explicar tots els detalls que tingueu sobre el professor, heu de fer una reconstrucció dels fets del crim, heu d'explicar les possibles causes de l'assassinat i heu d'assenyalar els presumptes culpables.

UNITAT 3

COM A CASA

Fem obres

Us heu trobat mai en una situació com la de la fotografia? Pregunteu-vos qui ha canviat més cops de casa?

TASCA FINAL: Elaborar un projecte de disseny d'un habitatge, presentar-lo i triar el millor

OBJECTIUS I CONTINGUTS

APRENDREM A	• Demanar informació sobre les característiques d'un habitatge • Descriure habitatges i maneres de viure • Dir els requisits que ha de tenir un habitatge • Explicar com serà l'habitatge del futur • Explicar la decoració d'un lloc • Opinar sobre la decoració de la casa • Opinar sobre la situació immobiliària • Suggerir canvis en la distribució d'espais i en la decoració	
I FAREM SERVIR	• Condicional • Connectors: encara que, per molt que, mentre (que) + present de subjuntiu • Estructures de probabilitat, per expressar desig i per opinar • Expressions locatives: (a / al) davant (de), al fons (de), al costat (de), endavant...	• Futur i futur perfet • Present, perfet i imperfet de subjuntiu • Lèxic relacionat amb el sector immobiliari, amb l'habitatge i amb la decoració de la llar

Un lloc per a cadascú

1 En grup. Mireu aquestes fotografies, digueu si coneixeu els tipus d'habitatge i on es poden trobar. Creieu que hi ha un tipus d'usuari per a cada lloc?

casa adossada
casa unifamiliar

una torre / un xalet

- l'apartament (m)
- el bloc de pisos
- la casa adossada / aparellada
- la casa unifamiliar
- el dúplex
- l'edifici (m)
- l'estudi (m)
- el gratacel
- l'illa de cases (f) block
- la masia country house
- la torre
- la urbanització - housing estates - only houses
- el xalet
- la zona residencial

- al centre
- als afores
- aïllat – aïllada
- arrenglerat – arrenglerada

En grup. Quin és el tipus d'habitatge més comú al vostre país o on viviu?

2 En grup. Expliqueu on viviu i com és casa vostra. Demaneu informació als vostres companys sobre els seus habitatges. Trieu l'habitatge que us agrada més. Justifiqueu la vostra tria i descriviu l'habitatge que heu triat als altres grups.

Visc en un pis, al centre, que **és** bastant gran. **Fa** uns 100 m^2.

Casa meva **és** molt sorollosa perquè els balcons **donen** a una avinguda amb molt de trànsit.

L'estudi **queda** al costat de l'habitació de convidats i la cuina **és** al fons del passadís.

Doncs a casa meva, al fons del passadís **hi ha** el lavabo.

És gran?

Sí, sí que **ho** és.

Té calefacció?

No, no **en** té.

És cèntric?

No, visc als afores.

- el balcó
- el bany
- el corredor / el passadís
- la cuina
- el dormitori
- l'entrada (f)
- l'estudi (m)
- la galeria
- l'habitació (f)
- el pati
- el rebedor
- el safareig
- la terrassa
- el terrat

- donar
- fer
- haver-hi
- quedar
- ser
- tenir

Immobiliàries

3 En parelles. Llegeix els anuncis i comprova que els entens. Escolta el diàleg entre un agent immobiliari i dos clients, i marca quines són les característiques que es diuen a cada conversa sobre l'immoble. Dels quatre habitatges dels anuncis, quin podria proposar l'agent immobiliari als clients?

IMMOBILIÀRIA

CASA AÏLLADA, de segona mà, amb jardí i garatge privat. Parcel·la de 1000 m^2. Fantàstiques vistes. Interiors i materials de primera qualitat. Façana de pedra. Energia solar. Excel·lents condicions de pagament.

PIS DE 3 HABITACIONS. Terrassa de 30 m^2. Garatge i traster al mateix edifici. Ascensor privat, aire condicionat, calefacció i banyera d'hidromassatge. Serveis donats d'alta. Ben comunicat. Fusteria de primera qualitat i cuina totalment equipada. Obra nova.

XALET DE DUES PLANTES, a 2 km del nucli urbà. Zona enjardinada amb piscina comunitària. Urbanització tancada amb totes les innovacions de seguretat. Celler, xemeneia i barbacoa. Molt bon estat. Terra de marbre a la planta baixa i de parquet a la primera planta.

ÀTIC COMPLETAMENT REFORMAT. Ascensor. Instal·lació elèctrica, d'aigua i de gas ciutat, nova. Acabats de primera qualitat. Sostres alts. Porta blindada. Terrassa de 40 m^2. Orientació sud. Plaça de garatge inclosa al preu de lloguer. Cèntric. Traster al mateix replà. Porter automàtic. Antena col·lectiva.

	1	2
que tingui ascensor	✓	
que faci uns 50 m^2	✓	
que estigui ben comunicat	✓	
que no estigui moblat		✓
que hi toqui el sol		
que tingui banyera d'hidromassatge		✓
que sigui barat		
que tingui una sortida	✓	
que estigui ben distribuït		

En grup. Quin habitatge dels quatre anunciats us agrada més? Per què? En cas que no sigueu de la mateixa opinió, intenteu convèncer-vos.

4 En grup. Feu una llista dels requisits que ha de tenir un pis per llogar-lo o comprar-lo, segons les vostres exigències. De tots els requisits, trieu-ne tres que siguin imprescindibles i innegociables. Compareu els resultats amb els dels altres grups i comproveu si hi ha coincidències. Escriviu un resum amb els resultats.

Volem que **sigui** assolellat.

Que **faci** com a mínim 50 m².

Prefereixo que **hi hagi** botigues a prop.

Que **tingui** tres habitacions.

Gairebé tothom vol que hi hagi...

VERB EN PRESENT D'INDICATIU	
(voler / preferir / estimar-se més / agradar...)	que + present de subjuntiu

PRESENT DE SUBJUNTIU

SER	TENIR	TOCAR	PODER	FER	ESTAR	VIURE	HAVER-HI
sigui	tingui	toqui	pugui	faci	estigui	visqui	
siguis	tinguis	toquis	puguis	facis	estiguis	visquis	
sigui	tingui	toqui	pugui	faci	estigui	visqui	hi hagi
siguem	tinguem	toquem	puguem	fem	estiguem	visquem	
sigueu	tingueu	toqueu	pugueu	feu	estigueu	visqueu	
siguin	tinguin	toquin	puguin	facin	estiguin	visquin	

ser	als afores ≠ cèntric assolellat / lluminós ≠ fosc espaiós / gran ≠ petit modern / nou ≠ antic / vell

estar	ben ≠ mal comunicat ben ≠ mal distribuït per reformar

ser / estar	moblat reformat

En grup. Quina informació demanaríeu a una agència immobiliària o al propietari d'un pis, si el volguéssiu llogar? Escriviu les preguntes i intercanvieu-vos-les amb un altre grup. Escriviu possibles respostes a les preguntes. Expliqueu-vos com vau trobar el pis on viviu o altres llocs on heu viscut.

el contracte
la despesa
el dipòsit

S'ha de pagar dipòsit?	Sí, és clar. Són tres mesos de dipòsit.
Quin preu té de lloguer?	Podem negociar-lo.
Hi toca el sol?	Només a la tarda.

Habitatges alternatius

5 En grup. Llegiu el text i comenteu quin és el problema de l'habitatge i quines en són les causes.

Javier Díaz, El Periódico de Catalunya (text adaptat)

SOTA MÍNIMS

Trobar un pis ideal a un preu assequible sembla tota una utopia. Cada dia són més els que han de viure en pocs metres quadrats i, per això, desenvolupen imaginació i enginy.

Quan un metre quadrat de sòl equival a cinc mesos de salari mínim interprofessional, alguna cosa no funciona. Encara que la Declaració dels Drets de l'Home diu que l'habitatge és un dels drets de tot ésser humà –i la Constitució també ho subratlla–, cada vegada es fa més difícil trobar un lloc per viure i, el que és pitjor, pagar-lo. La demanda real d'habitatges al nostre país ha sobrepassat les previsions més pessimistes anunciades pels urbanistes. Una escena preocupant i complexa per diversos motius. Per una banda, ha augmentat la població que busca una casa per emancipar-se; per l'altra, ha arribat molta gent de fora, que s'ha establert a les grans ciutats. A més, com apunten alguns plans urbanístics i estudis diversos, l'escassetat de pisos és alarmant; falta sòl edificable a les ciutats i el que hi ha augmenta constantment el seu valor, cosa que genera una especulació immobiliària sense precedents. Com es pot trobar un habitatge digne en aquestes circumstàncies? Trobar un habitatge cèntric, lluminós i amb dos banys es torna una missió gairebé impossible. Davant d'aquest panorama, molts ciutadans han començat a esprémer-se el cervell per buscar alternatives, més econòmiques, al tradicional habitatge. És possible tenir un sostre sense necessitat de casar-se amb una entitat bancària –i amb la seva hipoteca– durant un mínim de 30 o 40 anys?

En grup. Quina és la situació actual de l'habitatge al país o a la ciutat d'on sou o on viviu? Compareu-la amb la de diferents llocs que conegueu. Doneu la vostra opinió pel que fa a la situació futura de l'habitatge. Coneixeu llocs on l'Administració faci actuacions per millorar la situació de l'habitatge? Us semblen bé? Escriviu un text amb les vostres opinions, utilitzant les estructures dels quadres.

Al meu país els preus de lloguer són alts, però **no crec que** siguin tan alts com els d'aquí.

Encara que facin pisos de protecció oficial, no n'hi ha prou per a tothom.

Per molt que els polítics parlin del problema de l'habitatge, no hi donen cap solució.

És una llàstima que no facin més pisos de protecció oficial.

Mentre demanin tants mesos de dipòsit, no podré llogar un pis.

un pis de	compra lloguer protecció oficial segona mà

(no)	em et li ens us els	sembla bé fa por	que + present de subjuntiu

(no) és estrany (no) està bé / malament és una llàstima no és veritat	que + present de subjuntiu

- el crèdit
- l'entrada (f)
- el finançament
- la hipoteca
- l'interès (m)
- el llogater
- el préstec
- el propietari

- avalar
- comprar
- hipotecar
- llogar
- pagar
- vendre

encara que mentre (que) per molt que	present de subjuntiu

VERB EN PRESENT D'INDICATIU	
estar content no estar segur no imaginar-se no acabar-se de creure	que + present de subjuntiu

6 Quatre grups. Cada grup llegeix un article i completa el quadre que hi ha al final de l'últim article, amb la informació de cada text. Després reuniu-vos una persona de cada grup i expliqueu-vos el text.

1

LA CASA DEL CARGOL

Com aquests animals, el Xavi viatja amb la seva casa al damunt. Des de fa dos anys, utilitza una caravana com a residència.

El Xavi ha fet una vida itinerant durant molts anys. Ha conegut, per tant, diferents maneres de viure. Durant els mesos en què va treballar en un circ, la seva casa era un camió. Després va adoptar un estil de vida nòmada i va viatjar per tots els racons d'Europa a dalt d'una furgoneta. Va tornar fa dos anys a Canet de Mar, el poble dels seus pares. Allà es va establir en un petit apartament de 30 metres quadrats. «Van ser dos mesos i mig que se'm van fer molt costa amunt, perquè gairebé em moro de claustrofòbia», comenta.

Va començar a treballar en un càmping i algú li va regalar una caravana. Va demanar un terreny a uns amics i hi va ubicar la seva casa rodant. «Aquí ho tinc tot –apunta amb orgull– el sofà, el televisor, la taula... És un espai petit, però és el teu espai i te'l fas com a tu t'agrada. Em conformo amb el que tinc, encara que això no vol dir que no tingui afany de superació i ambició.»

En la seva peregrinació, el Xavi va arribar a viure a Londres, on els pisos són molt petits. Afirma que la vida en un gran nucli urbà sí que és angoixant. «La diferència substancial entre viure en una gran ciutat i en una caravana, enmig d'un poble, resideix en la part econòmica. Les despeses, de lloguer, d'aigua, de llum i de gas són més elevades si vius a la ciutat que no pas si vius en una caravana. I jo no vull pagar aquesta diferència. Aquí no hi ha aquesta cultura, però a Anglaterra o a França fins i tot hi ha un carnet de viatjant on s'especifica que la teva casa és el camió.» En Xavi es considera un amant de la llibertat i no vol cap lligam hipotecari. Afirma que canviarà d'aires quan trobi un altre lloc per instal·lar la seva casa de cargol. Mentrestant, la vida continua.

2

LA VIDA EN 14m²

L'Andrea dorm, menja i treballa en aquest pis de Barcelona d'espai superreduït, l'equivalent a una sala convencional.

Estava farta de compartir pis, d'haver de suportar el pes de la convivència i de no poder descansar sense sentir els passos d'algú amunt i avall de la casa. Des que tenia 16 anys, l'Andrea havia viscut amb una o més persones sota el mateix sostre –tant al seu lloc d'origen, Castelló, com a Barcelona, on va arribar fa uns anys– i sentia que necessitava un canvi d'aires. «Per a mi, és molt important disposar d'un espai vital; valoro molt viure sola», comenta.

Buscar casa en una gran ciutat com Barcelona pot arribar a desesperar qualsevol. Durant diversos mesos, l'Andrea va visitar desenes de pisos de lloguer, però no va trobar res per sota del que es podia permetre pagar. Finalment, una amiga li va parlar d'un pis econòmic per la zona de Sant Antoni. El propietari demanava un lloguer raonable, despeses incloses, però la casa tenia un problema: feia 14 metres quadrats! El pis era totalment interior. Malgrat les mides, l'Andrea no s'ho va pensar gaire i se n'hi va anar.

«Lògicament, m'he hagut d'adaptar a poc a poc a l'espai», comenta, «però la ubicació dels mobles no l'he canviat gens. Quan vaig arribar, el llit ja estava instal·lat a sobre de la taula de l'estudi. Al final, m'he acostumat a viure aquí... i a treballar-hi.» L'Andrea es guanya la vida com a correctora i traductora, i per això la casa fa la funció d'oficina improvisada al mateix temps que d'habitatge. «Passo moltes hores entre aquestes quatre parets i és molt important trobar-se a gust a l'espai laboral.» Dormir, menjar i treballar en un espai tan reduït no és, per descomptat, la il·lusió de l'Andrea, però les circumstàncies l'hi obliguen. «Quan guanyi més diners», afegeix amb esperança, «em canviaré a un pis més gran, però de moment no em puc permetre un habitatge diferent. El que s'ha de pagar per 80 metres quadrats em sembla un preu molt elevat per a algú com jo, i si vols viure sol...»

3

COM UNA PINYA

Els cinc membres de la família Garcia conviuen en un antic i petit immoble del popular barri del Clot.

No hi ha res millor que la família unida, cantaven fa anys els pallassos de la tele. Els que d'aquest tema en saben molt són els cinc membres de la família Garcia, veïns del barri del Clot des de fa més de 30 anys. A Barcelona ja no queden gaires cases com la seva. És un antic immoble de sostres baixos, situat al carrer Bassols, amb un pati comú per a tot el veïnat. L'habitatge es compon d'un habitacle d'uns 40 metres quadrats, amb tres habitacions i cap passadís. Totes les habitacions estan comunicades, a través d'una porta, amb el menjador central, l'habitació –amb la taula, l'armari i les cadires– per on corren els néts dels senyors Garcia cada cap de setmana.

La situació no és fàcil per a ells, però el pare dels Garcia ho té clar: «Tal com estan els pisos avui dia, no val la pena buscar-ne un de més gran. Ja estem molt adaptats al barri i a la comunitat de veïns.»

L'espai de la casa està aprofitat en cada racó per proporcionar la màxima comoditat possible. Els dos fills petits, que ja

4

UN LLIT SOBRE EL MAR

La casa d'aquest argentí la bressolen les onades. En Cristian i la seva família habiten en un veler atracat al port català del Masnou.

En Cristian és un argentí d'uns 30 anys que des de fa un any i mig viu en un veler fondejat al port del Masnou, a 15 km de Barcelona. «Abans vivia a Sabadell, de lloguer, però vaig començar a buscar alternatives perquè no volia pagar sense aconseguir res a canvi», recorda. «Vaig pensar en una casa rodant o una caravana, però la gran majoria de càmpings només permeten llogar la plaça per dies i em sortia gairebé tan car com un pis.» Va descartar instal·lar la caravana en un terreny perquè «era difícil trobar-ne un que estigués ben comunicat, per on passés el tren o l'autobús», diu resignat.

Un amic li va donar la solució: un vaixell de grans dimensions. Encara que no havia navegat mai i no sabia res de vaixells, va comprar un veler d'uns vuit metres i mig a un turista alemany resident a Sitges. Va atracar la seva nova casa flotant al Masnou, un lloc barat i amb una estació de ferrocarril al costat. Des d'aleshores viu allà amb la seva dona. El lloguer inclou el subministrament d'electricitat i d'aigua sense límit, i l'ús d'instal·lacions del port com el gimnàs, les dutxes o la bugaderia.

Dins del veler la disposició és mil·limètrica i tot el mobiliari manté una funció i una forma específiques. El llit, per exemple, s'adapta perfectament a l'estructura exterior del vaixell. La cuina, integrada a l'estança principal, és summament petita.

Fa uns mesos va néixer la seva filla i el vaixell se'ls ha fet petit. Viuen temporalment en un pis de lloguer, però en Cristian baixa cada dia al vaixell. Ja està pensant a comprar-se un veler de 10 metres, amb una cabina per a la nena i una altra per a ell i la seva dona. «No sé si tornarem a viure en un pis. De moment, no en tenim gens de ganes. El meu somni és continuar vivint al mar i que les hipoteques no m'enfonsin», afirma amb un somriure.

tenen més de 30 anys, comparteixen des de sempre una habitació amb llitera; per sortir, han d'esquivar un armari i una taula. A la cuina, on no caben més de dues persones, cada racó és un espai molt valorat en el qual tot ha de ser al seu lloc.

«Quan vam venir a viure aquí», explica la mare, «vam pensar que ens canviaríem en un futur no gaire llunyà, però de seguida ens vam adonar que el preu dels pisos augmentava de mica en mica i no els podríem pagar mai. La nostra decisió va ser quedar-nos aquí i adaptar-nos a aquest espai, malgrat que la família va augmentar.» Aquest és el trist consol dels Garcia i també l'argument a què han d'aferrar-se milers i milers de famílies.

	TEXT 1	TEXT 2	TEXT 3	TEXT 4
tipus d'habitatge				
metres quadrats				
motiu de viure en aquest habitatge				
habitants				
inconvenients				
avantatges				
experiència en altres habitatges				
perspectives de futur				

En grup. Coneixeu altres formes d'habitatge poc habituals? A quins llocs heu viscut fins ara? Com eren? Quin record teniu dels diferents llocs on heu viscut?

Recordo que a l'últim pis on vaig viure el bany era fora, a la galeria.

Parament de casa

7 En parelles. Mira les il·lustracions i digues tots els noms que coneguis del parament de casa. Llegeix el lèxic del quadre i relaciona'l amb la il·lustració.

l'armari (m)
el calaix
la butaca
la cadira
la catifa
la cortina
l'estenedor (m)
la llibreria
el llit
el llum (de peu, de sostre)
el mirall
el moble
el penja-robes
el prestatge
el sofà
la taula
la tauleta de nit

l'aigüera (f)
l'aixeta (f)
la banyera
el bidet
la dutxa
el lavabo
el vàter

l'assecadora (f)
la caldera
el comptador de gas
l'escalfador (m)
el forn
el microones
la nevera
el radiador
la rentadora
el rentavaixella

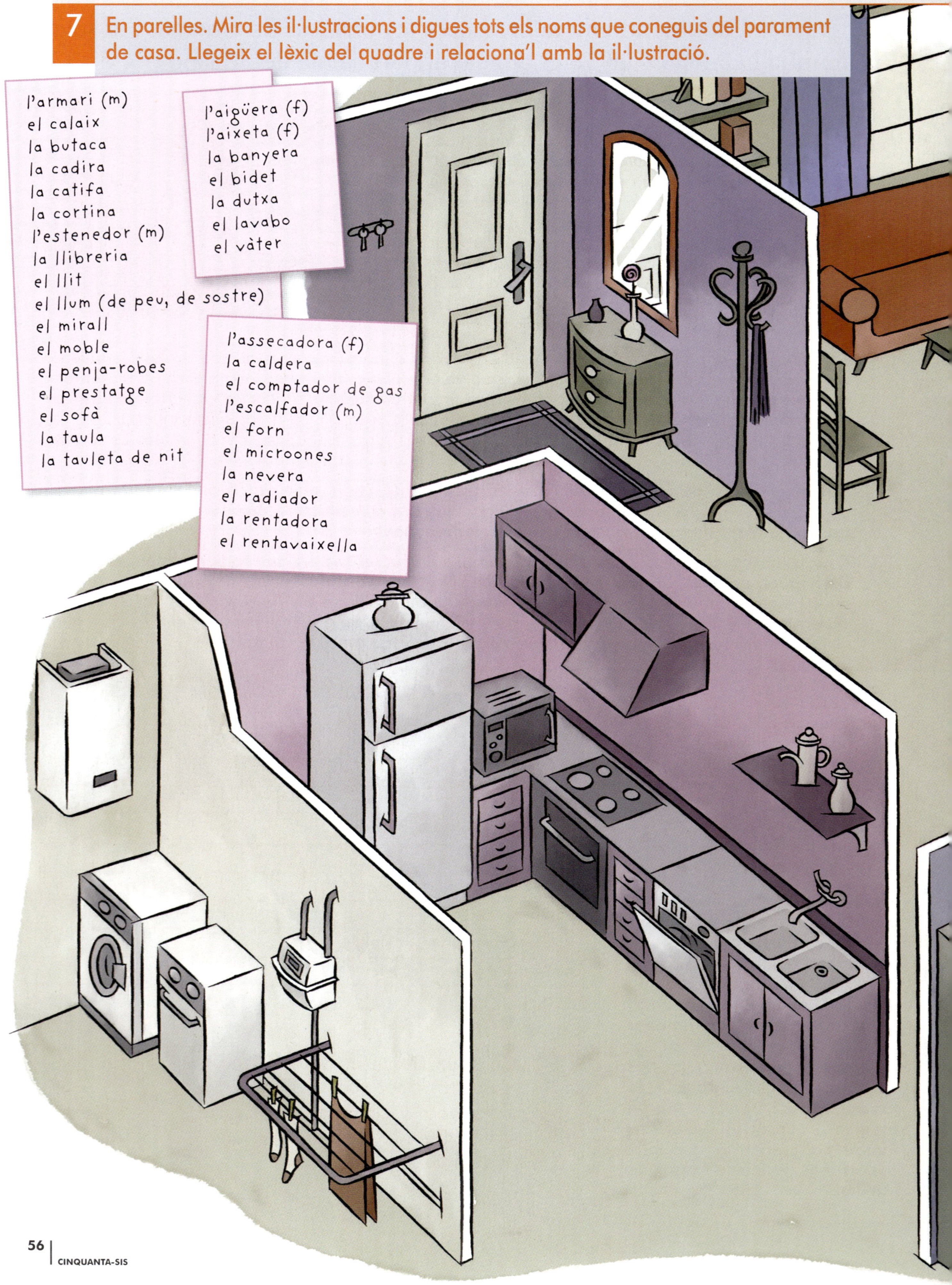

En parelles. Explica quin mobiliari hi ha a casa teva i a quines habitacions és.

8 En parelles. Escolta la descripció dels diferents espais de la casa, anota el mobiliari que no és a la il·lustració i marca el que està mal col·locat.

entrant (a) ≠ sortint (de)
al fons (de) / al final (de)
entre... i...
(a / al) davant (de) ≠ (a / al) darrere (de)
davant per davant (de)
(al) damunt (de) / (a) sobre (de) ≠ (a) sota (de)
(a) dalt (de) ≠ (a) baix (de)
al voltant (de)
al racó
al mig (de) / enmig (de)
al costat (de)
arrambat (a)
tocant a
enlloc ≠ a tot arreu
a mà dreta ≠ a mà esquerra
a la dreta (de) ≠ a l'esquerra (de)
(a) dins (de) / (a) dintre (de) ≠ (a) fora (de)
a banda i banda (de) / a cada banda (de)
de punta a punta (de)

més	endavant endarrere enllà endins enfora

En parelles. Descriu la distribució dels mobles d'una habitació de casa teva a la teva parella, que n'haurà de fer el plànol. Intercanvia el teu dibuix amb altres parelles i digues si l'espai està ben moblat, segons la teva opinió.

Coses de la llar

9 En parelles. Mira les il·lustracions i digues a quina habitació de la casa endreçaries cada cosa. Continua la llista de l'exemple.

Dormitori: coixí...
Bany: tovallola...

El coixí, el posaria al dormitori.

I la tovallola, al bany. I tu?

Si està bruta, la deixaria al safareig.

Desaria els fulls de paper dins d'un calaix de l'estudi.

col·locar
deixar
desar
endreçar
ficar
ordenar
penjar
posar

En parelles. Ets endreçat? On deses els objectes de les il·lustracions? Quina és l'habitació de casa teva que tens més desendreçada? Quins objectes no són gairebé mai al seu lloc? Per què?

Espais amb caliu

10 En parelles. Mira les fotografies i digues quin és l'espai que t'agrada més i en quin et sentiries millor. Per què?

Els colors clars **fan que sigui** més acollidor.

acollidor
agradable
antic
antiquat
càlid
carregat
clàssic
confortable
fred
horrorós
minimalista
modern

El terra de fusta **fa que sigui** més confortable.

nom + fa / fan que + present de subjuntiu

el la els les ho	trobo, trobes...	+ adjectiu

A mi no m'agraden els espais tan carregats. **Els trobo** poc confortables.

fer joc = combinar = quedar bé
lligar (amb)
quedar bé ≠ malament

de ciment
de ferro
de fòrmica
de fusta
de marbre
de pedra
de pell
de plàstic
de suro cork
de teixit / roba
de totxo brick
de vidre

la finestra
la paret
la porta
el sostre
el terra

Aquest dormitori **s'hauria de buidar** una mica.

to / color clar ≠ viu

En parelles. Escriu un text breu que acompanyi cada fotografia, per publicar-lo a una revista de decoració. Llegeix els textos de les altres parelles i decideix quins són els que t'agraden més.

11 En parelles. Has seguit alguna recomanació a l'hora de decorar casa teva? Saps què és el fengshui? Escolta l'entrevista sobre el fengshui i escriu les recomanacions que cal seguir per decorar cada espai de la casa.

entrada	sala d'estar	menjador	bany	cuina	dormitori	estudi

En parelles. Quins canvis s'haurien de fer als espais de les fotografies de l'activitat anterior per dissenyar-los seguint la disciplina del fengshui?

En parelles. Com tens la casa decorada? Digues quin és el racó preferit de casa teva, explica com és i com està decorat. Segueix la filosofia del fengshui?

El pis ideal... no existeix

12 En parelles. Llegeix el lèxic del quadre i assegura't que l'entens. Escolta la conversa i continua la frase, segons els canvis que farien les persones que parlen. Has visitat la casa d'algú que no t'hagi agradat? Explica com era.

la barana
la canonada
l'envà (m)
l'escala (f)
la moqueta
el paper pintat
el parquet
la pintura
la rajola
la teulada

abaixar ≠ apujar
pintar
tirar a terra
treure

Abaixaria
Canviaria
Faria
Pintaria
Tiraria a terra
Trauria

Si tingués diners, canviaria el bany. El **faria** molt més gran.

Doncs jo, **si pogués**, **tiraria** a terra l'envà entre la cuina i el menjador, i en **faria** un únic espai.

En parelles. Estàs content de casa teva? Fes una llista de les coses que no t'agraden de casa teva. Quins canvis faries si poguessis i per què? Explica-ho a la teva parella.

VERB EN CONDICIONAL	
(voler / preferir / estimar-se més / agradar...)	que + imperfet de subjuntiu

si + imperfet de subjuntiu + condicional

CONDICIONAL

OBRIR	TREURE	FER	HAVER-HI
obriria	trauria	faria	
obriries	trauries	faries	
obriria	trauria	faria	hi hauria
obriríem	trauríem	faríem	
obriríeu	trauríeu	faríeu	
obririen	traurien	farien	

IMPERFET DE SUBJUNTIU

DONAR	ESTAR	PODER	TENIR	SER	FER
donés	estigués	pogués	tingués	fos	fes
donessis	estiguessis	poguessis	tinguessis	fossis	fessis
donés	estigués	pogués	tingués	fos	fes
donéssim	estiguéssim	poguéssim	tinguéssim	fóssim	féssim
donéssiu	estiguéssiu	poguéssiu	tinguéssiu	fóssiu	féssiu
donessin	estiguessin	poguessin	tinguessin	fossin	fessin

13 En parelles. Posa't d'acord amb la teva parella i decideix com seria la casa ideal.

finalitat
...perquè + subjuntiu ...per + infinitiu

En parelles. Estàs buscant un pis moblat per anar a viure-hi. Decideix com el vols i escriu un correu electrònic a un amic, que treballa en una agència immobiliària, per demanar-li que te'n busqui un. Explica-li com t'agradaria que fos. Llegeix els correus dels teus companys, decideix quina parella és la més exigent i justifica-ho.

Envia:	Pere i Pau
Per a:	Jaume
Tema:	Acceptem la feina

Hola, Jaume,
Com estàs?
Al final ens hem decidit i hem acceptat la feina.
Per això...

Els més exigents són... perquè volen un pis que tingui una terrassa de 120 m^2 i, a més, els agradaria que fos a prop de l'escola.

La casa del futur

14 En grup. Penseu que s'hauran resolt els problemes per trobar un habitatge d'aquí a uns anys? Llegiu el text i digueu si és possible una casa com la que s'hi descriu. Escriviu un text explicant com creieu que seran les cases en el futur. Llegiu els textos dels vostres companys i digueu si coincidiu.

Habitatge i futur, El Periódico de Catalunya (text adaptat)

DOMÒTICA
ELS HABITATGES AUTOMATITZATS

Els habitatges domòtics són aquells en els quals l'arquitectura i l'interiorisme conviuen harmònicament amb la tecnologia punta. Entre altres beneficis, la domòtica ens dóna l'oportunitat de fer la nostra vida més còmoda i més agradable: les persianes es tanquen i s'obren en el moment just; l'aire condicionat es regula per si mateix i la calefacció, posem per cas, es pot activar des del telèfon mòbil abans d'arribar a casa. Si l'hora de començar el dia no és la mateixa per a tota la família, cada habitació pot tenir un horari personalitzat. La il·luminació de la façana s'apaga quan es fa de dia i la televisió canvia de canal a una determinada hora per veure el programa favorit del resident.

Fa poc, es va proposar a un selecte grup d'experts arquitectes un exercici "de ficció" en el qual tots aportaven la seva visió sobre els habitatges del futur. Tots ells van preveure la consolidació de la domòtica als nous habitatges. Van considerar que l'habitatge de tipus mitjà es veuria sotmès a profundes transformacions en els pròxims anys.

Els canvis vindran propiciats per la reducció dels espais. S'eliminaran algunes habitacions i d'altres tindran un caràcter polivalent. Les zones humides de l'habitatge tindran importants canvis. Desapareixerà la banyera, que cedirà el seu espai a la dutxa, i les peces sanitàries seran d'una mida menor i s'integraran en el conjunt del bany. També la cuina serà diferent, una cosa així com un moble més, integrat a l'espai del saló. La necessitat d'optimitzar l'ús dels escassos espais disponibles afavorirà la desaparició d'alguns electrodomèstics. El televisor s'integrarà a les parets o en altres llocs, com ara a la nevera, i s'estendrà l'ús de les rentadores, que assecaran i planxaran. Es presentarà un habitatge flexible en el qual els espais apareixeran i desapareixeran mitjançant la utilització de terres i envans mòbils.

Els habitatges del futur reflectiran els diferents canvis socials que s'hauran produït. Una nova manera d'entendre la feina, la manera de viure, la concepció de les llars...

Segurament les parets **seran** de plàstic o d'algun material reciclat.

És possible que els pisos **siguin** molt petits.

Vés a saber si d'aquí a poc temps **hi haurà** més espai, perquè la gent **haurà anat** a viure a la Lluna.

FUTUR			
VIURE	**TENIR**	**ANAR**	**HAVER-HI**
viuré viuràs viurà viurem viureu viuran	tindré tindràs tindrà tindrem tindreu tindran	aniré aniràs anirà anirem anireu aniran	hi haurà

FUTUR PERFET	
hauré hauràs haurà haurem haureu hauran	participi

PERFET DE SUBJUNTIU	
hagi hagis hagi hàgim / haguem hàgiu / hagueu hagin	participi

potser qui sap si segurament vés a saber si	futur / futur perfet

és possible / probable que pot ser que	present de subjuntiu / perfet de subjuntiu

TASCA FINAL: En grup. Llegiu l'anunci en què es convoca un concurs per triar el millor projecte d'arquitectura, de disseny i d'interiorisme. Decidiu l'habitatge que dissenyareu i comenteu com hauria de ser, segons les bases del concurs. Després exposeu-lo als vostres companys, que hauran de fer de jurat.

CONCURS DE PROJECTES
D'ARQUITECTURA, DE DISSENY I D'INTERIORISME

Es convoca un concurs per dissenyar l'habitatge adequat per a un dels destinataris següents:

- persones grans (soles o amb parella)
- estudiants (màxim per a 4 persones)
- famílies nombroses

BASES

Descripció de les necessitats dels usuaris
Descripció de l'entorn més indicat per a l'habitatge
Descripció de la distribució interior de l'habitatge
Explicació del disseny i de l'interiorisme (mobiliari...)
Descripció dels materials que s'utilitzaran

Es valoraran les aportacions i solucions innovadores en el camp de l'arquitectura i el mobiliari, les idees imaginatives, la integració a l'entorn, la utilització de materials de fàcil manteniment i sostenibles, i l'aprofitament de l'espai interior.

UNITAT 4

LLEPAR-SE'N ELS DITS

Cuines o menges?

Què us suggereix aquesta fotografia? Us agrada cuinar? I menjar? Coneixeu els estris i aparells de la fotografia? Sabeu com es diuen en català? A casa vostra es dóna gaire importància al menjar? Acostumeu a tenir la nevera plena? Teniu una cuina amb tota mena d'aparells?

TASCA FINAL: **Recomanar una ruta culinària, explicar on són els restaurants i dir quines especialitats fan**

OBJECTIUS I CONTINGUTS

APRENDREM A	• Comparar dues receptes • Donar instruccions i consells per fer funcionar un aparell • Explicar anècdotes sobre avaries • Explicar i escriure una recepta de cuina • Explicar l'ús d'estris de cuina • Expressar gustos i preferències sobre menjars • Intercanviar informació sobre llocs per anar a menjar • Opinar sobre hàbits culinaris i gastronòmics	
I FAREM SERVIR	• Estructures temporals: tan bon punt, quan... + subjuntiu / indicatiu • Expressions de finalitat: per + infinitiu, perquè + subjuntiu • Perífrasis i formes per expressar obligacions • Present d'indicatiu, de subjuntiu i imperatiu: coure, treure, fregir	• Pronoms febles: me'l, te la, se'ls, us en, l'hi, n'hi, els hi, en, ho... • Tractament formal, informal i forma impersonal per donar instruccions • Verbs ser i estar per indicar qualitats • Lèxic relacionat amb els menjars, la cuina i el parament de taula

Digue'm què menges i...

1 En grup. Sabeu com es diuen aquests aliments? Digueu-ne d'altres que conegueu i afegiu-los als quadres segons la classificació que us donem. Quin plat en faríeu?

CARNS: ANIMALS, PARTS D'ANIMALS...

el bistec
la carn de vedella / de porc...
el conill
la cuixa de pollastre / de conill...
l'embotit (m): el fuet, el xoriço...
l'espatlla (f) / la costella de xai...
el llom / el filet de porc...
el pit de pollastre...
el tall de carn
el xai

VERDURES I LLEGUMS

el cigró
la col
l'enciam (m)
el julivert
la llentia
la mongeta tendra / seca
la patata
el pebrot verd / vermell
el pèsol
el tomàquet

FRUITES

l'albercoc (m)
la cirera
la maduixa
la pera
la pinya
el plàtan
la poma
el préssec
la pruna
la taronja

PEIXOS I MARISCOS

la gamba
la llagosta
el llenguado
el llobarro
el lluç
el rap
la sardina
la sípia
la tonyina
la truita de riu

2 En parelles. Assegura't que entens el lèxic del quadre. Fes correspondre a cada menjar les característiques que pot tenir o la manera com es pot cuinar. Saps altres maneres de cuinar aquests aliments o els dels quadres anteriors? Escolta els diàlegs i digues com agraden els menjars a cada persona dels quatre diàlegs i per què.

ESCARXOFES
CLOÏSSES
FILET DE BOU / VEDELLA
MELÓ
SÍNDRIA

magre – magra	a la brasa	bullit – bullida	el bunyol
tendre – tendra	a la marinera	fregit – fregida	la truita
cru – crua	a la planxa	guisat – guisada	les llavors
dur – dura	a la romana	al punt	la pell / pela
cuit – cuita	a la vinagreta		el pinyol
fresc – fresca	al forn		la fulla
madur – madura	al vapor		la closca
verd – verda			
tou – tova			
amargant			

En parelles. I a tu, quins aliments t'agraden? Com te'ls menges? Quin és l'aliment que agrada a més persones de la classe i quin agrada menys?

Us agrada el pop?

Sí, molt. Jo **me'l** menjo a la gallega, amb una mica de sal i pebre vermell. En canvi ella **se'l** menja a la catalana, bullit amb patates i allioli.

M'agrada molt la coliflor.

Com **te la** menges, crua?

No, cuita, però que estigui al punt, que no sigui tova.

	el		la		els	les
em	me'l	me l'	me la	me l'	me'ls	me les
et	te'l	te l'	te la	te l'	te'ls	te les
es	se'l	se l'	se la	se l'	se'ls	se les
ens	ens el	ens l'	ens la	ens l'	ens els	ens les
us	us el	us l'	us la	us l'	us els	us les
es	se'l	se l'	se la	se l'	se'ls	se les

ben + adjectiu / participi
bon – bona – bons – bones + nom

En parelles. Llegeix el text. Coneixies l'origen de la patata? I d'algun altre producte alimentari? Busca informació sobre l'origen d'algun aliment, pren-ne notes i explica la teva recerca.

QUIN ÉS L'ORIGEN DE LA PATATA?

La patata, creïlla o trumfa *(Solanum tuberosum)* és un tubercle comestible d'origen andí. Se sap que es cultivava al Perú des del mil·lenni VIII aC. El nom *patata* prové del quítxua papa.

El cronista Pedro de Cieza, contemporani de Francisco Pizarro, la va portar a Espanya el 1554, encara que va tardar a incorporar-se a la dieta perquè contenia substàncies tòxiques. El 1573 va ser plantada a l'Hospital de Sevilla per proporcionar menjar als malalts. El 1588 el naturalista Charles de l'Ecluse, que la va descriure com una "petita trufa" o "tartuffoli", la va portar a Roma.

La patata ha estat bàsica en l'alimentació de molts pobles des del descobriment d'Amèrica i és la base, encara ara, de molts plats. Qui no coneix les populars patates fregides?

...que faci xup-xup

3 En grup. Quins estris hi ha a la vostra cuina? Per a què es fan servir? Qui té més estris és qui cuina més i millor?

En parelles. Mira els quadres de lèxic i busca el significat de les paraules que desconeguis. Digues si les frases són veritables o falses. Contrasta les respostes amb altres parelles.

		V	F
1	El cassó serveix per bullir líquids.	✓	
2	Amb un colador pots aixafar les verdures.		✓
3	Amb la graella ben calenta pots fer xai a la planxa.		✓
4	Agafa el setrill de l'oli per amanir el tomàquet.		
5	Has de batre l'ou amb una cullera, si vols fer una truita.		✓
6	Posa la paella al foc i deixa escalfar l'oli.	✓	
7	Per guisar la carn amb suc agafa la planxa.		✓
8	Fes servir l'escorredora per colar el brou.		✓
9	Necessitaràs tapar l'olla amb una tapadora per fer les verdures al vapor.	✓	
10	Agafa les estisores per pelar les pastanagues.		✓

RECIPIENTS I ESTRIS DE CUINA

la cassola
l'embut (m)
l'escumadora (f)
l'espàtula (f)
la forquilla
el ganivet
el llevataps / l'obridor (m)
el morter i la mà de morter
l'obrellaunes (m)
l'olla (de pressió) (f)
el pot
el ratllador
el saler

coure
destapar
escórrer
fregir
obrir
partir
picar
posar sal / pebre...
ratllar
remenar
salar
saltar / saltejar
tallar
tastar
treure

4 En parelles. Llegeix l'article, i marca els consells que s'hi donen i què podria passar si no se seguissin.

La ceba al punt

La ceba és un ingredient quasi indispensable de molts plats catalans. Per aconseguir resultats òptims, l'ideal és coure-la, ben a poc a poc, durant molta estona, fins que quedi ben tova i transparent. Si no ho fem així, quedarà cremada per fora i crua per dins, la seva textura serà desagradable al paladar i el seu gust resultarà amargant. També és millor tallar la ceba a trossos ben prims que no pas ratllar-la, ja que si la triturem perd tota l'aigua que conté i, en canvi, si la tallem l'aigua es va desprenent a mesura que es cou i té menys possibilitats de cremar-se.

A més cal coure la ceba amb oli abundant. Si n'hi posem poc, la ceba l'absorbirà, deixarà el recipient sense greix, i molt possiblement es cremarà. Per acabar, cal assenyalar que la ceba deixa de coure's quan hi afegim un altre ingredient. Per això, quan fem un sofregit, és important coure-la bé abans d'afegir-hi cap altre ingredient.

Escriu alguns consells culinaris. Intercanvia'ls amb els companys i fes-ne una llista amb els que et semblin més útils.

Per aconseguir una bona amanida, **utilitza** productes frescos.

A la carn no **hi** posis gaire sal.

Al sofregit posa-**hi** força oli.

Per arrebossar la carn, **has de passar-la** per ou i pa ratllat.

(A la carn,) **de sal,** no **n'**hi posis gaire.

Perquè el peix **no s'enganxi** a la paella, **cal que** l'oli **sigui** ben calent.

(Al sofregit,) **d'oli,** posa-**n'**hi força.

FINALITAT	INSTRUCCIÓ
per + infinitiu	cal + infinitiu cal que + subjuntiu imperatiu no + subjuntiu haver de + infinitiu
perquè + subjuntiu	deixar que + subjuntiu present d'indicatiu present d'indicatiu (impersonal)

en + hi	n'hi	-n'hi

PRESENT D'INDICATIU

COURE	TREURE	FREGIR
coc	trec	fregeixo
cous	treus	fregeixes
cou	treu	fregeix
coem	traiem	fregim
coeu	traieu	fregiu
couen	treuen	fregeixen

PRESENT DE SUBJUNTIU

COURE	TREURE	FREGIR
cogui	tregui	fregeixi
coguis	treguis	fregeixis
cogui	tregui	fregeixi
coguem	traguem	fregim
cogueu	tragueu	fregiu
coguin	treguin	fregeixin

IMPERATIU

COURE	TREURE	FREGIR
cou	treu	fregeix
cogui	tregui	fregeixi
coguem	traguem	fregim
coeu	traieu	fregiu
coguin	treguin	fregeixin

es pot	fer malbé, agre, dur...
	tornar agre, àcid...
	endurir, estovar, cremar, ressecar, agafar, enganxar...

Forn o microones?

5 En parelles. Mira les il·lustracions d'aparells i màquines de cuina. En coneixes més? Escolta els espots publicitaris i digues a quin dels aparells o de les màquines del quadre corresponen. Quina és la màquina o l'aparell indispensable en una cuina? Per a què l'uses? Contrasta el teu parer amb la resta de la classe.

Per mi, el robot de cuina és indispensable.

Doncs jo crec que no el faria servir.

Per bullir les verdures faig servir molt l'olla de pressió.

Doncs jo les coc al vapor. Tenen més gust.

per mi = segons la meva opinió
fer servir = utilitzar = usar

APARELLS I MÀQUINES

la batedora
el congelador
la cuina de gas, de vitroceràmica...
l'espremedora (f)
el forn
la fregidora
el microones
la nevera
la picadora / la trinxadora
el robot de cuina
la torradora

MANERES DE CUINAR, COURE I MANIPULAR EL MENJAR

batre
congelar
descongelar
esprémer
gratinar
picar
refredar
rostir
torrar
trinxar

6 En parelles. Escolta les instruccions del forn i explica si funciona igual que el de casa teva. Fes una llista de les coses que es poden fer i de les que no es poden fer segons les instruccions de seguretat. Tria un aparell de cuina i escriu-ne les instruccions d'ús i de seguretat. Passa-les a la resta de la classe i digues quines et semblen més adequades.

abaixar
apagar
apujar
desendollar / desconnectar
encendre
engegar
endollar / connectar
estirar
girar
parar / aturar
pitjar

el botó
el comandament
l'endoll (m)
l'interruptor (m)
el piu
la rodeta

	instruccions afirmatives	instruccions negatives
	imperatiu	no + present de subjuntiu
tractament informal	2a persona singular / plural: *abaixa, no apagueu...*	
tractament formal	3a persona singular / plural: *apugi, no engeguin...*	

7 En grup. Llegiu el text i escriviu les desgràcies que han passat al Pol. Expliqueu-vos si mai us ha passat una cosa semblant. A qui li han passat més desastres? Trieu una de les anècdotes i inventeu-ne una altra. Escriviu-les i llegiu-les totes dues a la resta dels grups, que han d'endevinar quina és la certa, i a qui li ha passat.

Thomson, Braun, Corberó, Philishave...

El va despertar l'absència de soroll. El televisor era en blanc: el va apagar. Tenia tanta gana com son. A la cuina, va sentir un degoteig que no naixia de cap aixeta: era la nevera, que no funcionava. La va desendollar i la va girar. No va entendre res. Va tornar la nevera a lloc i la va endollar novament: ni el llumet no s'encenia. (...)

Es va despertar que ja era de dia. Va pensar a preparar-se un cafè, però va recordar que el molinet estava espatllat. Va buscar un pot i hi va ficar llet. Aleshores va tenir una idea millor: va deixar el pot de llet sobre el marbre i va buscar una olla i una cassola per fer el *jambalaia*. Va encendre la cuina (com a mínim la cuina funcionava). Va netejar i va bullir les gambes. Després va col·locar la cassola al foc, amb mantega. Hi va afegir el pernil, tallat a daus, i el pebrot, ben picat. Ho va remenar uns minuts i hi va abocar una mica de farina. Un minut més tard, hi va afegir les gambes, aigua, tomàquets tallats en quatre, ceba, i all i julivert ben picats. Quan tot va començar a bullir hi va afegir arròs, sal, farigola, pebre vermell, salsa de soja i vinagre. Hi va posar la tapadora i va abaixar el foc. Durant mitja hora, va anar fent xup-xup.

Van trucar a la porta: un noi venia de part del bar a reparar l'escalfador. En Pol li va ensenyar no només l'escalfador, sinó tots els trastos que calia reparar. Va perdre massa temps en les explicacions. Se'n va adonar en abocar el *jambalaia*: s'havia agafat al fons de la cassola.

Va recollir el pot de la llet i el va ficar al foc. El noi el va cridar per tal d'explicar-li com és de fàcil no espatllar els aparells, si les coses es fan bé. Va tornar a la cuina massa tard: la llet havia bullit i havia vessat per damunt dels cremadors. Flegmàticament, va beure llet a raig d'ampolla. Va ficar dues llesques de pa a la torradora. En van sortir carbonitzades.

Es va amagar al vàter. Va fer el ferm propòsit de no sortir-ne fins que totes les màquines en un quilòmetre a la rodona estiguessin reparades. Va estirar la cadena i se li va trencar per tres llocs.

Quim Monzó, *...Olivetti, Moulinex, Chaffoteaux et Maury* (text adaptat)

Para taula!

8 En parelles. Mira el quadre de lèxic i fes correspondre les paraules amb els objectes de cada taula. Et sembla que estan ben parades les taules de les il·lustracions? Què hi canviaries? A casa teva hi ha tots aquests objectes? N'hi ha més? Per tu, què hi ha d'haver en una taula ben parada? Comenta-ho amb altres parelles.

En una taula ben parada hi ha d'haver...

ROBA DE TAULA, COBERTERIA, VAIXELLA, CRISTALLERIA I COMPLEMENTS

l'agafador (m)
l'ampolla (f)
la cafetera
els coberts (de peix, de postres...)
la copa (de vi, d'aigua...)
la cullera (de sopa, de servir...)
la cullereta (de postres, de cafè...)
el cullerot
els estalvis
les estovalles / les tovalles
la forquilla
la fruitera
el ganivet
la gerra (de cervesa...)
el gerro d'aigua
l'individual (m)
la lletera
la manyopla
la pala
la panera del pa
el plat (pla, fondo, de postres...)
la plata
les setrilleres
la sopera
la sucrera
la tassa (de cafè...)
la tetera
els tovallons
el vas / el got

En grup. Llegiu l'article. Hi esteu d'acord? Us agrada celebrar les festes a casa vostra o preferiu anar a un restaurant? Si us quedeu a casa, cuineu vosaltres o algú de la família, o compreu el menjar fet? Pareu bé la taula o poseu estovalles de paper, plats i gots de plàstic o de cartró...?

Els restaurants fan l'agost

Hi ha restauradors que opinen que hi ha hagut un augment dels clients nadalencs en els últims quinze anys. Segons ells, la causa del canvi ha estat la incorporació de la dona al món laboral. Aquest és el motiu pel qual, cada vegada menys, és ella l'encarregada de la cuina, com passava temps enrere.

Cert o no, hi ha altres solucions per a aquells que no volen cuinar, però que tampoc no volen sortir de casa per celebrar el Nadal. Per exemple, el càtering, un servei de menjars per encàrrec, que actualment també es pot obtenir a través d'Internet. Alguns propietaris de serveis d'àpats han notat un increment de les demandes en els últims anys, ja que «els clients no volen cuinar». Tot i així creuen que la majoria de catalans continuen preferint anar al restaurant, ja que en el cas del càtering també cal pagar un cambrer, fregar els plats...

Cuines o dissenyes?

9 En grup. Llegiu el text. Coneixeu aquest cuiner? En coneixeu d'altres, que tinguin prestigi? Heu anat mai a un restaurant que tingui estrelles de la *Guia Michelin*? Coneixeu algú que hi hagi anat? Què en penseu?

Ferran Adrià Acosta

Ferran Adrià Acosta, nascut el 14 de maig de 1962 a l'Hospitalet de Llobregat, és un cuiner català. És xef i copropietari del restaurant El Bulli, a Roses (Alt Empordà, Girona), distingit amb tres estrelles *Michelin* i considerat millor restaurant del món segons el *Top 50* de la revista britànica *Restaurant*. Hi ha qui anomena Ferran Adrià "l'alquimista de la cuina" i la revista nord-americana *Time* l'inclou en la llista dels 100 personatges més innovadors del món. Ha estat investit *doctor honoris causa* per la Universitat de Barcelona.

Adrià destaca per haver introduït noves tècniques culinàries com la *deconstrucció* (concepte tret del món de l'art), que consisteix a aïllar els ingredients d'un plat, generalment típic, i reconstruir-lo de manera que l'aspecte i la textura siguin completament diferents mentre que el gust és el mateix; *les escumes*, que crea amb sifons; *l'esferificació,* que consisteix a fer boles líquides a partir d'una substància química obtinguda d'algues marines. A part d'aquestes tècniques, la cuina de Ferran Adrià destaca per la ruptura de molts principis clàssics de la cuina, com per exemple, els gelats i les postres salades. A més, segons la filosofia d'Adrià tots els aliments tenen el mateix valor culinari sigui quin sigui el seu prestigi o preu. A la cuina d'Adrià no hi predominen les matèries primeres cares com el foie gras, la llagosta o el caviar. «Una bona sardina és millor que una mala llagosta» és una de les seves màximes. Una de les constants de Ferran Adrià és el sentit de l'humor. De vegades els seus plats pretenen enganyar i confondre el client. A la seva cuina res és el que sembla.

10 En grup. Llegiu les entrevistes que es fan a alguns cuiners dels Països Catalans i digueu amb quins esteu més d'acord i per què. Les preguntes sempre són les mateixes.

Com defineix la seva cuina?

Creu que la gastronomia és moda?

Carme Ruscalleda, del Restaurant Sant Pau de Sant Pol de Mar

1. La cuina que ofereixo al Sant Pau és clarament catalana i moderna, per concepte, per ubicació, per formació, i perquè la fem i l'executem amb tecnologia actual.

2. Més que ser una moda, crec que la gastronomia figura dins de la llista de les coses bones i interessants de la majoria de la societat.

Gemma Galbis, del restaurant Casa Galbis d'Alcúdia (Ribera Alta) del País Valencià

1. Cuina principalment valenciana i de mercat, encara que els nostres plats de cuina d'autor són molt interessants.

2. Sempre és moda la gastronomia, i menjar i, sobretot, menjar bé. Pense que estem de sort, ja que, després de l'onada en els darrers anys de cuina imaginativa, la gent està tornant als plats típics de sempre. Com els que feien les nostres àvies.

Miquel Mariano, del restaurant Ca n'Aguedet de Mercadal a l'illa de Menorca

1. Cuina de la terra de Menorca, cuina nostra i tradicional, perfectament emmarcable dintre del context del Mediterrani.

2. Sí, cada dia més. Però pens que s'hauria d'aprofitar aquest bon moment gastronòmic per potenciar la cuina tradicional de la nostra terra, dels Països Catalans.

Carles Gaig, del restaurant Gaig (Hotel Cram) de Barcelona

1. Parteix de l'arrel, de la tradició. Tinc uns gustos identificats, que miro de refinar i d'actualitzar. Em baso molt en la temporada, i és que la cuina de temporada és la cuina de la il·lusió.

2. Diria que ara interessa més, i això és un bon símptoma cultural. Menjar és un acte de reflexió, d'intel·ligència. Cada vegada tenim més visitants d'arreu que vénen, entre altres factors, per la nostra gastronomia. Viatges per veure què es "cou" al país.

En grup. Llegiu el que escriuen algunes persones en un bloc sobre els restaurants de la *Guia Michelin*. Després confeccioneu una llista amb les vostres opinions per penjar en un bloc sobre cuina.

- A vegades vaig pel carrer i veig restaurants que tenen *Guia Michelin*. És una marca? Per què tenen preus no assequibles per a nosaltres? Per què són tots iguals?

  Publicat per J.M., 3 de desembre

- Em sembla que la *Guia Michelin* és per a gent de la professió, no per a nosaltres, perquè quan volem anar a dinar, busquem un restaurant assequible, on el menjar sigui bo i el servei ràpid, ja que normalment, després, hem d'anar a treballar.

  Publicat per Maria, 10 de desembre

- Quan anem a un restaurant de la *Guia Michelin* ens arreglem; mengem plats que són per fer-los fotografies, posar-hi un marc i penjar-los a casa; bevem un vi que sembla un nèctar dels déus...

  Publicat per Gourmet, 23 de desembre

- Vam dinar en un restaurant de la *Guia Michelin*. Tot va ser un joc de gustos per al paladar que segurament no tornarem a tastar. Vam passar un dia inoblidable; però, quan em van portar el compte, em va venir un mal de panxa que em va durar tot un mes.

  Publicat per l'especialista, 10 de gener

Dolç o salat?

11 En grups A i B. Llegiu l'article i marqueu el lèxic del menjar. Sabeu de quin menjar es tracta? Comenteu-ho i ajudeu-vos, si cal, de diccionaris.

A BERENARS DOLÇOS

Berenar es considera una cosa de nens, de tietes o d'anglesos. Venim d'una cultura on les tapes de bitxo o de patata brava tenen millor premsa. Però deixeu-vos aconsellar i visiteu alguns dels llocs que teniu a continuació. Veureu que berenar a mitja tarda és un acte de solidaritat amb vosaltres mateixos.

GRANJA PICAROL

Barcelona

Aquesta meravellosa granja us permetrà anar a la recerca del temps perdut. No només mitjançant les magdalenes, no. Us hi durà, també, la xocolata desfeta i el suís amb melindros, la crema, el flam, el mató amb la mel del Perelló, la nata... qualsevol cosa. Els gustos i els mètodes són els tradicionals, com els marbres, les taules, els miralls, els davantals o el mateix local d'art déco. És una granja com aquelles que tenien la vaca a l'interior, només que ara, Sanitat obliga, la vaca ja no hi és.

MASJAUME

Vic

Flonjo és un mot que té una sonoritat que casa de meravella amb el significat que té al darrere. Doncs bé, els pans de pessic han de ser molt i molt flonjos, com els del Forn de Sant Miquel. De tota manera per entaular-vos bé, el millor és que us acosteu a Masjaume, on fan unes pastes de full, unes galetes i uns carquinyolis sensacionals. El tortell i el braç de gitano són els pastissos més tradicionals que hi podreu tastar, en porcions individuals. Però també us els podreu endur a casa per endolcir la família.

LA FORMATGERIA

Alta Cerdanya

La barreja cultural és típica de llocs de frontera. A la Cerdanya del Nord, la frontera, afortunadament, és ja com si no hi fos, però el poti-poti encara el trobareu en els productes i els horaris (potser berenareu mentre la resta de gent està sopant). A qualsevol festa popular hi haurà xocolata i coca. Al municipi d'Oceja us oferiran creps i sidra; a La Formatgeria, una magnífica varietat de productes làctics, i a Vallsabollera, pa amb tomàquet i embotit, i per acabar postres de músic amb ametlles, avellanes, panses, pinyons... En resum, el millor de cada món.

LA RODONA

Girona

A Girona es mengen els xuixos. N'és el dolç tradicional i el fan a mil pastisseries, si fa no fa igual de bé. Dit això, us recomanem que aneu a La Rodona, un establiment encantador que hi ha al costat de l'Ajuntament. Tenen pastisseria pròpia on fan els dolços de les festes assenyalades, com les neules i els torrons per Nadal, la mona per Pasqua, els panellets per Tots Sants i les coques per Sant Joan. També hi fan uns caputxinos amb escuma de llet inoblidables.

B

DE TAPES PER BARCELONA

"Anar de tapes", tot i ser un costum que ve de fora, s'ha convertit en una activitat molt arrelada a Barcelona. Fem una ruta per aquests locals de microgastronomia, que abunden cada dia més, fugint de les cadenes i apropant-nos als llocs amb més qualitat i encant. Us convidem a voltar per la ciutat per tastar les millors tasques basques i catalanes.

LA MAR SALADA

Aquesta cerveseria de la Barceloneta va néixer fa més de quaranta anys. Ni modes, ni crisis, és d'una peça i es manté inalterable al pas del temps. Hi podreu degustar patates braves, calamarsos a la romana, amanida de tonyina picant, cloïsses, bunyols de bacallà, ensalada russa, musclos en escabetx, truita de patates... Mentre us espereu, podeu picar daus de pernil o formatge i unes olives picants boníssimes. I per beure, de totes totes, cervesa. Tenen totes les mides i tots els formats de copes. En destaquem l'anomenada *filharmònica*.

BODEGA DEL CENTRE

Nascuda amb esperit de bodega de barri, cap al 1952, és l'encarnació vivent del petit comerç català. Al llarg dels anys ha passat de bar amb barra a l'actual bodega de tapes amb estovalles. Amb plats tradicionals com cap i pota amb vinagreta, mandonguilles amb sípia, faves a la catalana, croquetes de pollastre i de pernil, calentones, acabades de fer... També fan torrades amb embotits. Si us deixeu aconsellar, beveu un enginyós combinat cerveser, d'un color castany molt bonic, que bategen com a *barrejada*.

BILBAO

Taverna basca, amb casa mare a Bilbao. Es van instal·lar a Barcelona amb l'estètica de sidreria guipuscoana, amb música, aires juvenils i productes de bona qualitat.
S'hi mengen plats forts com els pebrots *del piquillo* farcits de cua de bou, la cassoleta de bacallà, la truita d'anxoves fresques... També preparen tapes fredes: les famoses anxoves del nord marinades, els seitons en escabetx... Per beure, és clar, xacolí de Guetaria, sidra, vi de la Rioja alabesa, vi rosat de Navarra... Tot de molt bona qualitat.

CAL TON

El Ton actua des d'una barra moderna i funcional, amb un gran carisma. Transforma davant del client, en un tres i no res, les millors matèries en plats exquisits. Té la mà trencada a cargolar el braç de gitano de patata. A més: seitó arrebossat; bunyols d'escarxofa, d'albergínia o de carbassó; faves a la catalana; escudella barrejada, trifàsic fregit: calamars, seitó i gambeta. La carta de vins és curta: 5 de blancs i 12 de negres; això sí, ben triats. Si ho preferiu també tenen una bona cervesa.

En parelles A i B. Explica a la teva parella els establiments de què parla el teu article i què s'hi pot menjar. Després comenta les teves preferències: ets dels que vas a berenar o prefereixes anar de tapes? Què prefereixes menjar, coses dolces o salades?

En grup. Poseu-vos junts els que sou partidaris del dolç i els que sou partidaris del salat. Digueu altres menjars dolços o altres tapes que conegueu. Expliqueu llocs on es poden menjar. Trieu-ne uns quants i escriviu-ne un petit resum, com els textos anteriors, per proposar a la resta de la classe d'anar-hi.

Plats típics

12 En parelles. Llegeix la recepta i completa-la amb els verbs que hi ha al quadre. Els hauràs de conjugar. Contrasta el resultat amb altres parelles.

ESCUDELLA I CARN D'OLLA

Ingredients per a 6 persones

6 litres d'aigua
1/2 kg de carn de vedella
100 g de carn picada de vedella
100 g de carn magra de porc, picada
1/2 gallina o pollastre
150 g de cansalada
200 g d'orella i morro de porc
1 peu de porc
1/4 kg de botifarra negra
1 botifarra crua
1 os de pernil
1 os de vedella
200 g de cigrons
200 g de patates
1 col
herbes: pastanaga, porro, api...
2 grans d'all
1 ou
2 cullerades de pa ratllat
1 cullerada de farina
1 ramet de julivert
sal
pebre
1/4 kg de galets grossos

BULLIR
COL·LOCAR
COMENÇAR
CONDIMENTAR
ENFARINAR
ESTAR
FER
POSAR
REFREDAR-SE
TREURE

El dia abans poseu els cigrons en remull en aigua tèbia i sal. Renteu bé la vedella, la gallina, la cansalada, l'orella, el morro i els ossos. ____________[1]-ho tot en una olla amb 6 litres d'aigua i feu-ho bullir. Tan bon punt ____________[2] a bullir, hi afegiu els cigrons.

Per fer la pilota, poseu en un recipient les carns picades de vedella i de porc. Quan ____________[3] ben barrejades hi afegiu l'ou, el pa ratllat, el julivert i els alls picats, i ho ____________[4] amb sal i pebre. Torneu a barrejar-ho tot fins que quedi una massa homogènia. A aquesta massa hi doneu una forma rodona o ovalada i l'____________[5] bé.

Quan faci una hora i mitja que l'olla ____________[6], les carns començaran a ser toves; llavors hi afegiu les botifarres: la blanca i la negra; la col ben esbandida i tallada a trossos; les herbes, pelades i netes, i les patates, també pelades, netes i tallades a trossos. A continuació hi afegiu la pilota.

Quan tot sigui cuit, ____________[7] les carns i les verdures i reserveu-les en un lloc que sigui calent perquè no ____________[8] (al forn, apagat, però escalfat prèviament) i coleu el brou amb un colador (ha de ser molt fi, perquè el brou sigui ben líquid). Poseu-lo en una olla neta i ____________[9]-hi bullir els galets, un quart d'hora, aproximadament, segons el vostre gust. Podeu tastar-los per veure'n la consistència i també el punt de sal.

En una plata ben gran s'hi ____________[10] les verdures totes juntes, així com les carns, tallades a trossos.

Primer us mengeu la sopa, que anomenem escudella, i després les verdures i les carns, que anomenem carn d'olla o bullit.

NOTA: Cal tenir la precaució de posar poca sal a l'olla i afegir-n'hi una mica més, si cal, cap al final de la cocció, a fi que no sigui molt forta de gust.

13 En grup. S'ha desordenat la recepta per fer el pa amb tomàquet. Poseu les frases en ordre. Contrasteu la vostra solució amb altres grups.

- [ ] Després obre els tomàquets pel mig i, si vols, treu-hi les llavors.
- [ ] Encara que al pa hi hagi sal, jo n'hi poso una mica, per sobre, amb el saler o amb els dits.
- [ ] Menja-te'l abans que es refredi.
- [ ] No paris de fregar fins que el pa quedi ben cobert de tomàquet.
- [ ] Per fer un bon pa amb tomàquet necessites pa, que no sigui gaire tou; tomàquets, que han de ser madurs; oli d'oliva i sal.
- [ ] Primer de tot talla el pa a llesques de mig centímetre, aproximadament.
- [ ] Quan el pa està ben sucat, hi tires un bon raig d'oli.
- [ ] T'explico la recepta amb el pa torrat. A mi, m'agrada més.
- [ ] Tan bon punt hagis torrat el pa, suca'l amb la polpa del tomàquet.

tan bon punt quan fins que (no)	present / perfet de subjuntiu present / perfet d'indicatiu

abans que encara que	present / perfet de subjuntiu

ser + adjectiu
ser / estar + participi

14 En parelles. Tria una recepta. Escriu els ingredients que es necessiten, detallant-ne les qualitats i les quantitats (aproximadament). També escriu els verbs que indiquen les manipulacions que s'han de fer per elaborar aquesta recepta. Explica-la a la teva parella.

el	l'	-lo	'l
la	l'	-la	-la
els	els	-los	'ls
les	les	-les	-les
en	n'	-ne	'n
ho	ho	-ho	-ho
hi	hi	-hi	-hi

De sal, **no n'hi** posis fins al final de la cocció.

Quan ja hi sigui tot, **ho** remenes lentament.

Tan bon punt l'aigua bulli, agafa els espinacs nets i **els hi** tires.

Quan hagin bullit cinc minuts, treu-**los** de l'olla i deixa'**ls** refredar.

	hi		
el	l'hi	-l'hi	-l'hi
la	la hi (l'hi)	-la hi (-l'hi)	-la hi (-l'hi)
els	els hi	-los-hi	'ls-hi
les	les hi	-les-hi	-les-hi
en	n'hi	-n'hi	-n'hi

La recepta del dia

l'ametlla (f)
l'avellana (f)
el bitxo
els grans d'all
la llesca de pa
el morter
la nyora
la polpa
tebi – tèbia
escaldar
escalivar
remullar

15 En parelles. Mira el quadre de lèxic i busca el significat de les paraules que no coneguis. Escolta les receptes, pren nota dels ingredients i de l'elaboració de cadascuna, i digues què tenen en comú i què tenen diferent. Quina et sembla millor? T'atreviries a fer-la?

Diu que s'hi posa pa fregit.

Ha dit que hi posava tomàquets escalivats.

Una recepta diu que s'hi ha de posar pebre i l'altra, no.

A totes dues receptes ha dit que s'ha de treure la pell de les nyores.

En parelles. Torna a escoltar les receptes i fixa't en la persona verbal en què s'expliquen. Escriu els verbs tal com els sentiràs, en dues columnes segons que els destinataris rebin el tractament de vostès (a la primera recepta), o que no es faci referència al destinatari (a la segona recepta). Contrasta la llista amb altres parelles. Com serien aquests verbs si el tractament fos: tu, vosaltres o vostès? Escriu-los.

tractament informal	tu	segona persona del singular: *amaneix, talles...*
	vosaltres	segona persona del plural: *escaldeu, heu de tallar...*
tractament formal	vostè	tercera persona del singular: *amaneixi, talli...*
	vostès	tercera persona del plural: *escaldin, han d'escaldar...*
forma impersonal	es / s' + tercera persona del singular o del plural: *es talla, s'escalden...*	

16 Escriu un correu electrònic a un amic, semblant al que et donem, per explicar-li com fer un plat amb el mínim de temps possible.

Envia: Mina
Per a: Jerry
Tema: Recepta xatonada

Hola, Jerry!

Mira, t'envio la recepta de l'amanida per fer la xatonada. La salsa ja saps com es fa, perquè és la que vam sentir ahir per la ràdio. Te'n recordes, eh?

Doncs bé, t'ho dono tot detallat perquè no perdis el temps.

INGREDIENTS
Per comprar a la verduleria:
3 escaroles
500 g de tomàquets

Per comprar a la bacallaneria:
600 g de bacallà salat
250 g de tonyina salada
200 g d'olives (verdes, arbequines o barrejades)
12 filets d'anxoves, dessalats

Estris que necessites:
Un bol o recipient gran
Una escorredora
Un ganivet que talli bé
Una plata fonda o una enciamera
Un morter i una mà de morter (per fer la salsa)

Per fer l'amanida, primer has de dessalar el bacallà i la tonyina durant unes quatre hores, amb aigua tèbia. Canvia l'aigua al cap d'una hora, perquè no et quedin salats. Bé, la recepta original parla de tonyina salada, però jo hi poso tonyina en conserva i també queda molt bé. Tu mateix... Quan estiguin dessalats, hi treus les espines, vigilant que no n'hi quedi cap, i amb els dits, els fas a trossets molt petits, primer el bacallà i després la tonyina. A continuació renta les escaroles, escorre-les bé, que no hi quedi gens d'aigua, a l'escorredora o en una màquina d'aquelles de centrifugar. Talla-les a trossos petits, posa-les en una plata una mica fonda o en una enciamera i afegeix-hi els tomàquets, tallats a trossos, i les olives. Quan el bacallà i la tonyina estiguin dessalats, afegeix-los a l'amanida. Llavors hi poses la salsa i ho remenes bé perquè quedi ben amanit. Al final hi poses les anxoves i, si vols, uns ous durs per decorar el plat.

Ja m'explicaràs com t'ha quedat. O, encara millor, per què no em convides a sopar i la preparem junts?

Adéu,
Mina

En grup. Llegiu els correus electrònics, aclariu dubtes, si n'hi ha, sobre les receptes i trieu la que us agradi més.

Un lloc per a cada butxaca

17 En tres grups. Cada grup ha de llegir un text referent a un restaurant. Pregunteu-vos les dades dels altres restaurants per poder emplenar la fitxa. Després comenteu quin us agrada més i per què.

A **BARATS**

Una forquilla

Especialitat: *La baguette Eixample*. Horari: de 13.30 a 16.30 i de 20.30 a 0.30 (de dj. a ds. fins a les 2.30), dl. nit i dg. migdia, tancat. Tel: 93 467 44 88

Fins no fa gaire la majoria de bars es limitaven a poca cosa més que entrepans de llom, frankfurts o biquinis. Però si van a *Una forquilla*, al barri del Born de Barcelona, veuran que les coses estan canviant. L'especialitat d'aquest establiment és l'entrepà, batejat amb noms de barris i carrers de Barcelona. Un dels que tenen més èxit és l'*Eixample*, una *baguette* amb pernil serrà, ou dur, enciam, tomàquet, alvocat i formatge parmesà, o el *Rosselló*, pa de pagès sucat amb tomàquet, pollastre al forn, puré d'albergínia i formatge fos. L'oferta es completa amb amanides i altres plats ràpids i gustosos. Dues últimes recomanacions: les postres i la carta de vins. Fan menús econòmics els dies laborables al migdia.

B **NI BARATS, NI CARS**

Dues forquilles

Especialitat: Arròs negre caldós de sípia i gambes. Horari: cada dia de 13 a 16 i de 20 a 23.30 (dv. i ds. fins a les 0.00). Tel: 972 38 77 02

Si va a *Dues forquilles* de Palamós no dubti a demanar alguns dels seus arrossos. Se n'ofereixen unes vuit versions, entre les quals destaquen l'arròs negre caldós de sípia i gambes, o la paella de llagosta. Aquest establiment basa la seva oferta en plats de cuina tradicional, tot i que actualitzats. Així, a més dels arrossos, es pot començar amb unes escarxofes amb gambes i allioli, seguir amb una broqueta de sípia, escamarlans i llobarro al forn, i acabar amb un pastís de formatge o de xocolata. Hi ha opció de plats per a vegetarians. La carta de vins és extensíssima. Presenta menús assequibles i variats els dies de cada dia al migdia, i una mica més cars els caps de setmana. Preus especials per a grups de més de vuit persones.

nom del restaurant:
ciutat / barri:
horari:
dies que tanquen:
telèfon:
especialitat:
altres plats (amb ingredients):

postres:
vins:
menús:

On és?

Al Raval.

Quina especialitat tenen?

Els entrepans amb tomàquet, alvocat, formatge *brie* i pernil serrà.

C

CARS

Tres forquilles

Especialitat: Filet de vedella al pebre verd. Horari: de 13.45 a 15.30 i de 20.30 a 0.30, dl. migdia i dg. nit, tancat. Tel: 977 67 59 94

A Lleida, tocant a la Seu Vella, hi ha aquest original restaurant, lluminós, decorat en fusta i envoltat de terrasses –ideals per a les nits d'estiu. S'hi fa una cuina tradicional, cuidada i de qualitat. A la carta no hi falten mai els plats clàssics que li han donat fama: l'espatlla de xai amb vinagreta de mel, vinagre i menta, o el filet al pebre, per exemple, són intocables. Però val la pena tastar les últimes propostes del xef, com l'arròs cremós amb bolets o el llenguado a la brasa amb salsa de taronja. I sempre hi ha una impressionant varietat de postres. Ofereixen menús els migdies dels dies laborables.

TASCA FINAL: En grup. Recomaneu una ruta culinària, expliqueu on són els restaurants, què s'hi pot menjar i digueu quins plats aconselleu. Expliqueu com estan fets alguns plats que conegueu i que us hagin agradat molt. Doneu la vostra informació als altres grups i decidiu quina és la millor ruta culinària.

UNITAT
5

JO, JO, JO... I ELS ALTRES

Relacions socials

Què us suggereix aquesta fotografia? On deuen anar aquestes persones? Quina relació poden tenir entre elles?

TASCA FINAL: Escriure cartes d'opinió, intercanviar-les i contestar-les

OBJECTIUS I CONTINGUTS

APRENDREM A	• Argumentar, exemplificar i concloure • Demanar permisos, favors i oferir-se a fer una cosa • Explicar el que ha dit algú • Explicar i reclamar un mal servei • Expressar opinions en una discussió formal	• Fer un resum • Opinar i expressar acord, desacord, agraïment, temor... • Parlar de les relacions i dels sentiments entre les persones • Participar en una reunió
I FAREM SERVIR	• Connectors: en primer lloc, tot i que, finalment, per una banda... • Connectors dialògics: el que acabes de dir, vull dir, dono la paraula... • Estil indirecte • Estructures per expressar obligacions i drets: tenir dret a, quedar prohibit... • Estructures per demanar permisos, favors i oferir-se a fer coses: fer res + infinitiu / que + present de subjuntiu / si + present d'indicatiu	• Estructures per expressar acord, desacord, agraïment, desgrat...: estar d'acord, saber greu, confiar... • Expressions per opinar i contraargumentar • Imperatiu • Present i imperfet de subjuntiu • Pronoms d'objecte directe i indirecte: l'hi, els hi... • Lèxic relacionat amb els animals • Lèxic relacionat amb les avaries dels aparells • Verbs relacionats amb els sentiments i les relacions socials i laborals

Coneguts, amics, enemics... i família

1 En parelles A i B. Llegeix el text i explica'l a la teva parella. Et sents identificat amb algun dels textos? Quina és la relació que tens amb la teva família?

A

La relació amb la meva família és molt estreta. Parlem sovint per telèfon perquè ens avenim molt. El meu germà i la seva dona viuen a prop de casa dels meus pares. Jo visc en una altra ciutat, però cada diumenge ens reunim a casa dels pares, perquè la mare fa el dinar. És una tradició. Així, ens podem veure i explicar-nos les coses. També aprofito l'ocasió per veure els meus avis, els pares de la meva mare, que viuen amb els meus pares. A vegades, amb el meu pare ens discutim, perquè no veu les coses com les veig jo, però després canviem de tema i tot arreglat. M'agrada tenir aquesta relació i, quan tingui un fill, m'agradarà veure'l com juga amb els meus pares, com quan jo era petit i jugava amb els meus avis.

B

Quan vaig començar a treballar, me'n vaig anar a viure a ciutat, a dos-cents quilòmetres de casa dels meus pares. De tant en tant ens truquem, però no ens veiem sovint. El meu germà tampoc viu al poble, perquè se'n va anar a viure a França. Viu amb una noia francesa i tenen un fill. Amb el meu germà no ens avenim gaire, perquè som molt diferents. La meva mare es va separar i va tenir un fill amb la seva nova parella. El meu pare també es va ajuntar amb una dona, que té una filla de la meva edat. Ens estimem, ens respectem i gairebé mai ens discutim ni ens barallem. Si necessito alguna cosa, sé que els meus pares em donaran un cop de mà. Hi puc comptar. Però no depenem els uns dels altres. Ara visc amb el meu xicot i pensem adoptar un nen. Ara per ara, aquesta és la meva família.

avenir-se (to get along)
barallar-se
caure bé / malament
discutir(-se)
enfadar-se
fer companyia
fer-se amic
suportar

en canvi
més aviat
si fa no fa
com a mínim

En grup. Creieu que les relacions familiars varien segons els països? Comenteu-ho fent servir les estructures dels quadres.

Doncs, **la veritat és** que al meu país les relacions familiars són, **si fa no fa**, com les dels catalans.

És un fet que els catalans tenen molt en compte la família, perquè sempre es reuneixen com a mínim un cop al mes . En canvi al meu país la família no es veu tan sovint.

Al meu país, els avis viuen a casa d'un dels seus fills, amb els néts.

és evident està demostrat és un fet la veritat és	que + indicatiu

2 En parelles. Llegeix el text. Fes suposicions de què va passar als dos amics un cop van acabar la carrera.

L'amic de l'ànima

Quan vaig arribar a la ciutat no coneixia ningú. La primera setmana em vaig quedar a casa d'uns parents de la meva mare i vaig començar a buscar un pis per compartir amb altres estudiants. A la facultat vaig veure un anunci on buscaven algú per compartir pis. Hi vaig trucar i em va contestar el Pere. Vam quedar a la tarda. Quan el vaig veure vaig tenir bones vibracions. Em va caure bé immediatament. Vam fer un cafè i vam parlar de moltes coses. Ell havia llogat un pis i volia compartir-lo i dividir les despeses amb algú, però amb qui s'avingués. Havia tingut altres experiències i no havien funcionat gaire bé. Després del cafè em va ensenyar el pis. Estava molt bé. L'endemà mateix m'hi vaig instal·lar. Durant els anys de la facultat no ens vam separar ni un minut. Teníem els mateixos gustos i les mateixes aficions, no discutíem gairebé mai i estudiàvem la mateixa carrera. Era una amistat que havia de durar tota la vida.

deure (imperfet d'indicatiu) + infinitiu

suposar imaginar-se	que	+ indicatiu
probablement	Ø	

és possible / probable dubtar	que + subjuntiu

IMPERFET D'INDICATIU

DEURE
devia
devies
devia
devíem
devíeu
devien

Suposo que es van separar, quan van acabar la carrera.

És possible que trobessin una feina a la mateixa empresa.

Es devien enamorar de la mateixa persona i **es devien discutir.**

3 Escolta què va passar i marca quina és la informació correcta. De les suposicions que has fet a l'activitat anterior, quines són certes?

- ☐ Van muntar una empresa i encara els funciona molt bé.
- ☐ Es van separar, perquè es van discutir per qüestions econòmiques.
- ☐ Es van adonar que estaven fets l'un per a l'altre i encara viuen junts.
- ☐ Un es va quedar al pis i l'altre se'n va anar a l'estranger a continuar els estudis.
- ☐ Es van enamorar de la mateixa persona i se'n van anar a viure tots tres junts.
- ☐ Un va trobar una feina molt ben pagada i l'altre se'n va anar a una organització de voluntaris.
- ☐ Cadascú se'n va anar a viure sol, però es veuen molt sovint.
- ☐ Es van anar distanciant, van perdre el contacte i ja no s'han vist mai més.

En parelles. Encara tens algun amic de fa molts anys? Com us vau conèixer? Ha canviat l'amistat des que us vau conèixer fins ara? Quina ha estat l'evolució?

Amor i desamor

4 En grups A i B (A tapa les paraules de B, B tapa les paraules de A). Cada grup escriu la definició de les seves paraules. Les llegeix a l'altre grup, que ha d'endevinar-les.

A

- L'AMISTAT (F)
- L'ODI (M)
- L'ATRACCIÓ (F)
- LA SINCERITAT
- L'ENAMORAMENT (M)
- EL RESPECTE
- LA GELOSIA

B

- L'AMOR (M)
- L'AFECTE (M)
- L'ENEMISTAT (F)
- LA PASSIÓ
- LA RÀBIA
- EL DESENGANY
- EL RETRET

LA FELICITAT

És quan estàs molt content i satisfet, perquè et sents bé, tot et va bé...

És un estat que tothom busca. Diuen que quan el tens, et surt panxa.

En dos grups A i B. Mireu el còmic, imagineu què va passar i parleu-ne fent servir els connectors i el lèxic dels quadres. Després, en parelles A i B, explica la teva part de la història.

aleshores / llavors
de mica en mica / a poc a poc
de cop / de sobte
des de / des que
de seguida
al començament
durant
un dia

abraçar(-se)
acariciar(-se)
enamorar(-se)
estimar(-se)
fer(-se) petons
odiar(-se)
perdonar(-se)
plorar
renyir
riure
sentir-se bé
sortir junts

A

B

anar + gerundi
començar a + infinitiu

Es van anar enamorant de mica en mica.

Llavors **van començar a sortir** junts.

En parelles. Recordes com vas conèixer un dels teus amors? Es va acabar l'amor o encara continua? Digues quines són les tres persones més importants de la teva vida sentimental i quina relació hi tens.

Recordo que el primer cop que em vaig enamorar...

La persona més important és...

L'home... el millor amic de l'animal

5 En parelles. Llegeix la llista dels animals i relaciona'ls amb una característica del quadre. Afegeix-n'hi més si necessites altres característiques. Comprova el resultat amb el d'altres parelles. Hi estàs d'acord?

- l'abella (f)
- l'aranya (f)
- el cavall
- l'ocell (m):
  - el colom, el lloro...
- el conill
- l'elefant (m)
- la formiga
- el gat
- el gos
- el lleó
- l'ós (m)
- l'ovella (f)
- la papallona
- la vaca
- el tauró
- el tigre

- afectuós – afectuosa
- bufó – bufona
- dormilega
- elegant
- esquerp – esquerpa
- esvelt – esvelta
- fastigós – fastigosa
- ferotge
- fidel
- fort – forta
- independent
- ingenu – ingènua
- perillós – perillosa
- poruc – poruga
- robust – robusta
- tímid – tímida
- traïdor – traïdora
- treballador – treballadora

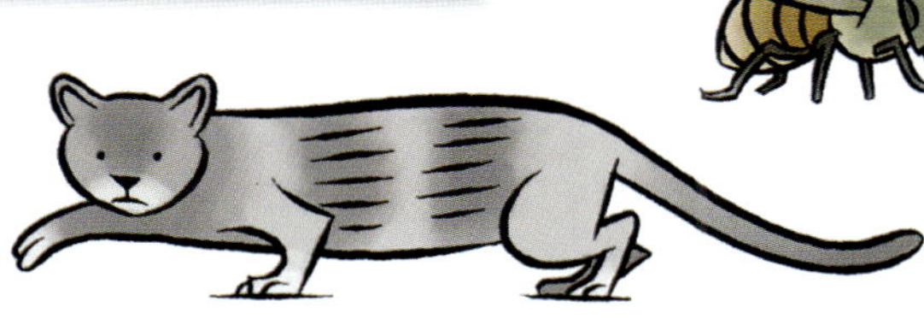

En grup. Llegiu el que escriuen algunes persones en un bloc sobre els animals de companyia. Digueu què en penseu i confeccioneu una llista amb les vostres opinions per afegir-les al bloc.

- Els experts coincideixen a assenyalar que els programes de teràpia amb animals de companyia estimulen el caràcter social de persones deprimides o que estan bloquejades afectivament, i ajuden les persones amb impulsos violents a controlar-se. Tothom hauria de tenir una mascota a casa!

  Publicat per J.M., 3 de març

- Com pots tenir una conversa amb un gos? Com pots parlar d'un gat com si es tractés d'una persona? Com pots tenir més cura d'un animal (portar-lo a la perruqueria, comprar-li roba...) que no pas d'una persona, que potser ho necessita? Estem perdent els papers!

  Publicat per R. A., 20 de març

- He sentit dir que existeixen psicòlegs per a animals. No m'ho puc creure! La moda dels esnobs és dur l'animal al psicòleg perquè està trist, no menja, no fa les necessitats on les ha de fer, es llepa massa i, fins i tot, perquè parla sol. Qui és el neuròtic, l'animal o el seu propietari?

  Publicat per B.P., 4 d'abril

En 2 grups. El grup A, els partidaris de tenir animals, escriu els avantatges de tenir animals a casa i els inconvenients de no tenir-ne. El grup B, els que no en són partidaris, escriu els inconvenients de tenir animals a casa i els avantatges de no tenir-ne.

Hauria de portar-lo a passejar cada dia.
No podria anar de vacances quan volgués.
Si no tingués el gat, em sentiria molt trist.
Si tinguessis un animal a casa, no et sentiries tan sol.

En parelles formades per una persona del grup A i una del grup B, de l'activitat anterior. Intenta convèncer la teva parella de tenir o de no tenir un animal a casa.

per exemple
això és cert, però...
el que acabes de dir és veritat, però...
potser sí, però...
(no) estar d'acord amb...
(no) tenir raó

No hi estic d'acord.

No tens raó.

El que dius és una ximpleria!

Relacions de feina

6 Escolta les converses telefòniques i relaciona-les amb els missatges escrits. Quin és el tractament a les converses i als missatges: de tu, de vostè, de vosaltres o de vostès? Quin és normalment el tractament entre companys de feina? I amb els directius o càrrecs superiors?

TRACTAMENT

	singular	plural
2a persona	tu	vosaltres
3a persona	vostè	vostès

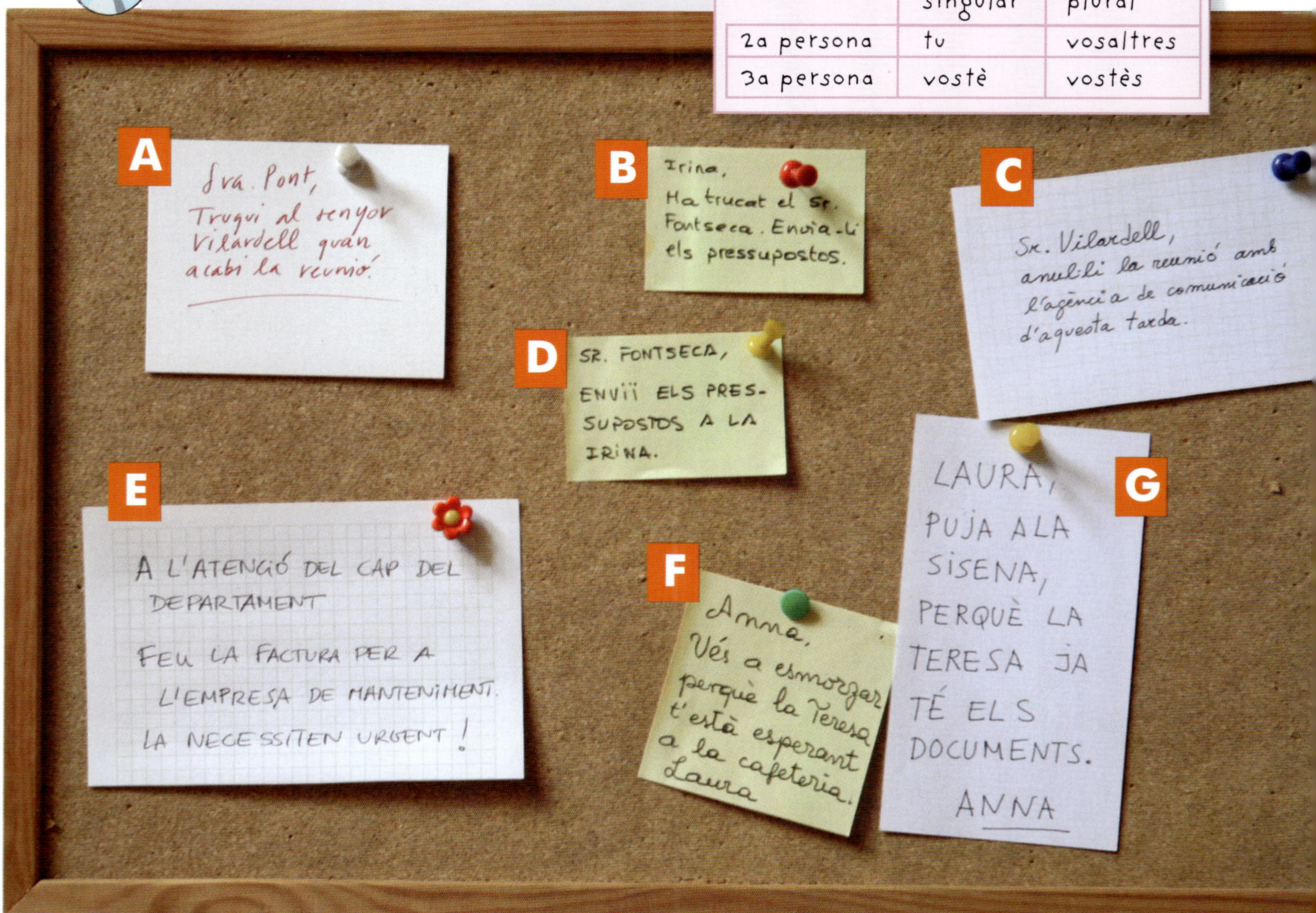

IMPERATIU

ENVIAR	TRUCAR	ESCRIURE	ANAR	FER
envia	truca	escriu	vés	fes
enviï	truqui	escrigui	vagi	faci
envieu	truqueu	escriviu	aneu	feu
enviïn	truquin	escriguin	vagin	facin

7 Escolta el missatge telefònic que la Irina ha deixat al Carles i digues quina és la relació professional que tenen la Irina, el Carles i la Carme. Quin és el tractament? Ordena les tasques que ha de fer el Carles quan arribi al despatx, segons les explicacions de la Irina.

cap (de...)
company – companya
director – directora
empleat – empleada
encarregat – encarregada
gerent
soci – sòcia

LA IRINA LI DIU AL CARLES QUE

- ☐ deixi els documents damunt la taula de la Carme.
- ☐ deixi una nota a la Carme amb les trucades importants.
- ☐ reenviï els correus importants a la Carme.
- ☐ enviï un ram de flors al marit de la Carme.
- ☐ escolti els missatges del telèfon privat de la Carme.
- ☐ no la molesti si no és que l'empresa fa fallida.
- ☐ pagui la factura a la companyia de manteniment i que la desi.
- ☐ prepari els documents per a la reunió dels anglesos.
- ☐ prepari un cafè a la Carme i que l'hi porti.
- 1 quan arribi al despatx engegui l'ordinador i que contesti els correus.
- ☐ recordi a la Carme que ha de signar el nou projecte.
- ☐ vagi a correus i enviï el projecte.
- ☐ li escrigui un correu electrònic.

ESTIL DIRECTE	ESTIL INDIRECTE
imperatiu	verb en present / perfet d'indicatiu + que + present de subjuntiu
el director diu: ***truca'm!***	*el director diu / ha dit que li* ***truquis***

En parelles. Escolta una altra vegada el missatge i escriu les ordres que li ha dit la Irina al Carles, en imperatiu. Escriu-les en les formes corresponents a tu, vostès i vosaltres.

Llegeix els missatges que han deixat els altres companys de feina a la Irina i escriu-li un correu electrònic per informar-la.

Truca als tècnics. La fotocopiadora no funciona.
Montse

Urgent! Avisa el Pere perquè tinc un virus a l'ordinador.
Lluís

Sisplau, doni el contracte del Sr. Armengol a la Carme perquè el firmi. Laura

Escriu la nota informativa per als delegats del sindicat.
Gemma

Truca a l'empresa Comsa i demana el pressupost.
Miquel

Benvolguda,
Té alguns missatges a la seva taula. Els hi explico, perquè demà, si ja ve a la feina, n'estigui al corrent.
La Montse diu que...

8 En parelles. Mira el quadre dels verbs i escriu-los en tercera persona del singular de l'imperfet de subjuntiu. Llegeix el correu que ha enviat la Irina al Carles des del despatx, al cap de dos dies, i completa'l amb els verbs ______ i amb els pronoms .... dels quadres. Es poden repetir.

li
l'
l'hi
n'
els

anar
contestar
deixar
desar
engegar
enviar
escoltar
fer
pagar
portar
preparar
recordar
reenviar

Envia: Irina Moles
Per a: Carles Colom
Tema: I la feina que havia de fer?

Benvolgut,
Estic molt sorpresa i decebuda amb la seva feina. Francament, no sé què ha fet aquests dos dies, però aquest matí quan he arribat al despatx he vist que no havia fet res de tot allò que ....1 havia demanat que ____________2.
........3 vaig dir que ____________4 l'ordinador i que ____________5 els correus urgents i que, si ....6 hi havia algun que anava adreçat a la Carme, doncs que ....7 ____________8, perquè la primera cosa que feia la Carme quan arribava era contestar el correu. També ....9 vaig demanar que, a dos quarts de deu, ...10 ____________11 un cafè i que ....12 ____________13. I ....14 vaig remarcar que fos sense sucre. També ....15 vaig dir que ....16 ____________17 que havia de signar el nou projecte i que, un cop signat, ____________18 a correus i ....19 ____________20. Ah, i a més ....21 vaig dir que ____________22 els documents per a la reunió dels anglesos i que ....23 ____________24 damunt la taula de la Carme. A més a més ....25 vaig deixar encarregat que, quan els de la companyia de manteniment vinguessin a cobrar, ...26 ____________27 i que ____________28 la factura al primer calaix.
Ah, i que ____________29 un ram de flors al marit de la Carme perquè era el seu aniversari de casats. I també ....30 vaig dir que, cap al migdia, ____________31 els missatges del telèfon privat de la Carme i ....32 ____________33 una nota de les trucades importants.
No ho entenc. L'única cosa que va fer va ser enviar-me els encàrrecs que m'havien deixat! Comprengui que hauré de fer un informe negatiu i, per tant, m'imagino que aquest fet tindrà conseqüències. M'agradaria, però, parlar amb vostè abans de comunicar a la Carme la seva falta de responsabilitat.

Atentament,
Irina Moles

En parelles. Quin és el tractament que la Irina utilitza al correu? Quins són els elements que marquen aquest tractament? Fes els canvis necessaris per escriure el correu amb el tractament de tu. Compara els resultats amb els d'una altra parella.

benvolgut – benvolguda
distingit – distingida
(ben) atentament
cordialment
et, el, la, us... saludo

ESTIL DIRECTE	ESTIL INDIRECTE
imperatiu	verb en perfet / passat perifràstic / plusquamperfet d'indicatiu + que + imperfet de subjuntiu
el director diu: ***truca'm!***	*el director ha dit / va dir / havia dit que li* ***truquessis***

9

Escolta els missatges telefònics que van deixar ahir per a la Carme i apunta la informació. Escriu-li un correu electrònic per explicar-li els missatges.

Sra. Carme,
Em sap molt de greu que el Carles Colom ahir no li deixés la informació dels missatges del seu contestador. Li escric la relació de les trucades que va rebre.
Va trucar el seu marit i va dir que...

ESTIL DIRECTE	ESTIL INDIRECTE
futur	verb en perfet / passat perifràstic / plusquamperfet d'indicatiu + que + condicional
*el director diu: **tot anirà** bé*	*el director ha dit / va dir / havia dit que tot **aniria** bé*

10

En parelles. Completa la carta d'acomiadament amb els connectors dels quadres.

Sra. Irina Moles,
___________ voldria agrair-li la tasca que està realitzant a l'empresa i voldria expressar-li la meva satisfacció per l'interès amb què s'ha pres el càrrec de secretària de direcció. ___________, darrerament, he observat alguns incidents de coordinació amb els empleats que té al seu càrrec.

en altres paraules / en primer lloc / tot i que / un cop

___________, a l'entrevista al departament de recursos humans, li havia comentat que la feina que vostè ocuparia demanava molta responsabilitat, que creia que vostè estava preparada per assumir el càrrec i que, ___________ superada la fase de prova, li faria un contracte fix.

encara que / és cert que / tot plegat / un cop

Per això em sap greu haver-la d'informar que, per motius aliens a la meva voluntat i després de diverses reunions amb el gerent, he hagut de prendre la decisió de retallar despeses de personal; ___________, he hagut de fer reducció de plantilla.

com que / dit d'una altra manera / doncs / finalment

___________, em veig amb l'obligació de notificar-li que no li renovaré el contracte. Per agilitar els tràmits, li aconsello que passi pel departament de recursos humans per signar els documents necessaris perquè pugui demanar l'atur.

com que / és cert que / per aquest motiu

Li agraeixo ___________ que hagi col·laborat en l'empresa i desitjo que el seus projectes professionals s'acompleixin, cosa que no dubto, ja que és una persona preparada i capaç.

malauradament / novament / últimament

___________, voldria recordar-li que, si necessita cap carta de recomanació, no dubti a demanar-la al meu nou secretari, el senyor Carles Colom, que serà qui ocuparà el lloc quan vostè el deixi vacant.

finalment / tot i que / tot plegat

Atentament,
Carme Pi
Directora

Quina relació hi ha hagut a l'empresa entre els companys i la directora? Coneixes cap cas similar?

Com que la directora s'ha embolicat amb l'empleat...

Al meu germà li van dir que li farien un contracte indefinit i després...

no hi ha un pam de net - something's not right

Relacions amb els veïns

11 En parelles. Escolta el que es diu en la reunió de veïns del barri i escriu l'ordre del dia.

Es convoca una reunió de l'associació de veïns, el 21 d'abril, a les 19 hores, amb el següent ordre del dia:

1. ______________________
2. ______________________
3. ______________________
4. ______________________
5. ______________________

caldria m'agradaria m'estranyaria voldria	que + imperfet de subjuntiu
hi hauria d'haver	

tenir l'obligació de + infinitiu

VERB EN PRESENT D'INDICATIU	
aconsellar agrair confiar desitjar entristir esperar fer por indignar lamentar no haver-hi dret preocupar-se saber greu	que + present / perfet de subjuntiu

Torna a escoltar el text i digues si els enunciats són veritables o falsos.

		V	F
1	No poden llegir ni aprovar l'acta per culpa del soroll.		
2	Les obres de la plaça s'acabaran abans de vacances.		
3	De moment ja han posat bancs a la plaça.		
4	Pot ser que s'avancin les obres, perquè hi haurà eleccions municipals aviat.		
5	Hi ha qui demana que hi hauria d'haver lleis que obliguessin a complir les promeses.		
6	Al president li sap greu que el regidor d'Urbanisme no vulgui reunir-se amb ell.		
7	Es fa una votació per decidir si es restaura la Verge de la Salut.		
8	Tothom està en contra de la restauració de la Verge de la Salut perquè s'ha de pagar.		
9	El president demana que es facin comissions per organitzar el sopar del dia de la Salut.		
10	Les persones que no estiguin d'acord a organitzar l'àpat, no cal que s'apuntin a cap comissió.		
11	Es demana que es pressioni l'Ajuntament perquè netegi els carrers del barri.		
12	Volen que hi hagi més vigilància perquè hi ha una banda de joves que roba.		

En parelles. Decideix quines són les frases més representatives que s'han dit a la reunió. Després fes un resum de la reunió, utilitzant les estructures dels quadres.

M'entristeix que desaparegui la plaça.

Em sap greu que no hàgim pogut celebrar la revetlla a la plaça.

Hi hauria d'haver més arbres.

Relacions amb els aparells

12 En parelles. Assegura't que entens el lèxic del quadre. Llegeix les tres situacions i digues amb quina de les respostes t'identifiques.

ETS MANETES?

1. SI S'ESPATLLA ALGUN APARELL DE CASA...
   - ☐ a) truques a un tècnic perquè l'arregli.
   - ☐ b) el desmuntes i intentes arreglar-lo tu mateix.
   - ☐ c) viuràs sense aparell, fins que te'n compris un de nou.
2. SI S'EMBUSSA LA DUTXA...
   - ☐ a) avises un lampista o el teu germà.
   - ☐ b) el desembusses amb un líquid que tens.
   - ☐ c) hauràs d'anar al gimnàs a dutxar-te.
3. SI L'ORDINADOR ES FA MALBÉ...
   - ☐ a) fas venir el servei tècnic perquè se'l miri.
   - ☐ b) el desmuntes i busques les peces que no funcionen.
   - ☐ c) segur que és perquè has pitjat el botó massa cops.

arreglar
embussar-se
encallar-se
espatllar-se / fer malbé
fondre's
foradar
funcionar
tacar
trencar-se

se sent / se senten es veu / es veuen	bé ≠ malament

Fes una llista dels aparells que s'acostumen a espatllar o fer malbé a casa i pregunta als companys de classe qui els arregla.

Quan es fon alguna bombeta, qui la canvia?

Normalment jo.

Si s'embussa l'aigüera, qui la desembussa?

13 Escolta les instruccions que es donen al diàleg i ordena les frases. Després escriu què contesta la persona que rep les instruccions, fent servir les estructures del quadre.

- ☐ Apuja el volum.
- ☐ Clica la icona de l'altaveu.
- ☐ Desendolla'l i torna'l a connectar.
- ☐ Connecta l'ordinador al corrent.
- ☐ Pitja el botó per engegar l'ordinador.

ja / encara no	l' els les	+ perfet d'indicatiu
	ho	+ perfet d'indicatiu del verb FER

En parelles. Llegeix les notes i relaciona-les amb les respostes. Quins elements t'han ajudat a relacionar-les? Quines estructures s'utilitzen per demanar un favor?

Santi,
Et fa res mirar la impressora quan arribis? No hi ha manera que imprimeixi. He perdut la paciència i he hagut d'anar-me'n perquè feia tard. Ets un sol!

Senyor Puig,
Podria revisar els llums de la sala de juntes? Alguns no s'encenen. Potser la bombeta s'ha fos o l'endoll no funciona. Gràcies.

Pere,
Et fa res enviar l'ordinador al senyor Pou? És que avui no tinc temps. Ah, per cert! Envia-l'hi abans de les 6.

Rosa,
Pots anar a buscar el microones, que ja l'han arreglat?

Molt bé.
Ja hi aniré.

Ja ho he fet, però no sé què passa. Aquest vespre, quan torni, me la miraré.

Ja ho vaig fer. L'hi vaig enviar ahir al matí.

Els vaig revisar ahir, però es deuen haver fos aquest matí.

Fes tres preguntes per demanar permís per fer una cosa i tres per demanar un favor.

Et fa res si obro la finestra?

No, no. Obre-la.

Et fa res deixar-me cinc-cents euros?

Home, doncs... És que no els tinc.

PER DEMANAR PERMÍS

puc, podem, podria...		+ infinitiu	?
et / li / us / els	fa res	que + present de subjuntiu	?
		si + present d'indicatiu	?

PER DEMANAR UN FAVOR

pots, pot, podríeu...		+ infinitiu	?
et / li / us / els	fa / faria res	+ infinitiu	?

PER OFERIR-SE A FER UNA COSA

vols, vol, voleu...	que + present de subjuntiu	?

Digues si aquestes frases serveixen per demanar permís, per demanar un favor o per oferir-se a fer una cosa, i escriu com contestaries.

1. Et fa res arreglar-me la rentadora?
2. Pots canviar la bombeta del llum?
3. Vols que t'ajudi?
4. Li fa res si apago la ràdio?
5. Us fa res desconnectar el mòbil?
6. Et fa res si faig servir la teva impressora?
7. Vols que et desconnecti l'ordinador?
8. Els fa res apagar els llums?

Les coses barates surten cares

14 Escolta els textos i relaciona cada experiència amb un dels enunciats.

ADSL GRATIS
durant un any si es dóna d'alta abans de final de mes

7 DIES: HOTEL 4 ESTRELLES + PENSIÓ COMPLETA + AVIÓ

PIS REFORMAT
per entrar-hi a viure.
UNA GANGA

PAGA'N 2 i EMPORTA-TE'N 3

ROBOT DE CUINA A BON PREU

Si compra l'ORDINADOR, s'endú la impressora de franc

En parelles. Llegeix el text i explica'l a la teva parella.

A

Volia passar una setmana a la Costa Brava, a Palafrugell. Per això vaig mirar algunes pàgines web d'apartaments que es llogaven per setmanes. Hi havia una pàgina web interessant amb apartaments amb vistes al mar i força bé de preu. Vaig fer la sol·licitud per llogar-ne un. Em van contestar que estava lliure i que havia de pagar el 40% de l'import total. Em van donar un número de compte corrent i un telèfon de contacte. Com que sóc desconfiat, hi vaig trucar i vaig parlar amb una dona molt amable, que em va donar l'adreça de l'apartament i vam quedar que, quan arribés a Palafrugell, m'hi esperaria. Per tant, vaig fer l'ingrés, perquè em va semblar tot plegat molt legal. Quan vaig arribar a Palafrugell, l'adreça que m'havia donat no existia i, a més, el número de telèfon tampoc. Una estafa en tota regla.

B

Havia de fer reformes a casa i vaig demanar diferents pressupostos. Al final em vaig decidir per un paleta que treballava com a autònom i que em va fer un pressupost bastant ajustat, que podia pagar. L'única cosa que em va demanar és que li avancés els diners per comprar el material. Potser sóc massa ingènua, però em refio de les persones. Li vaig avançar els diners i vam quedar que començaria l'endemà. L'endemà no va venir. M'han pres el pèl, vaig pensar. Li vaig trucar i em va explicar que havia hagut d'acabar un encàrrec que havia començat la setmana anterior i que vindria l'endemà. Veus dona, vaig pensar. L'endemà tampoc no va venir, ni l'altre, ni l'altre i tampoc no em va contestar mai més el telèfon. Em va ben enredar!

En grup. Comenteu si us han enredat alguna vegada o heu hagut de reclamar alguna cosa per un mal servei. Expliqueu-ho als altres grups.

- enganyar
- enredar
- estafar
- exigir
- fiar-se / refiar-se
- indemnitzar
- prendre el pèl
- protestar
- queixar-se
- reclamar

En parelles. Saps quan una persona té dret a fer arreglar un electrodomèstic, sense haver de pagar la reparació; a demanar el llibre de reclamacions en un lloc públic, o a reclamar que li tornin els diners? Saps quins passos s'han de seguir per fer una reclamació? Comenta-ho amb la teva parella i després llegeix la informació del text. Saps com es fan les reclamacions a altres països?

en cas	de + infinitiu
	que + present de subjuntiu
sempre	que + present de subjuntiu

agència catalana del consum

RECLAMACIÓ / DENÚNCIA DE CONSUM

- Cal que comuniquis a l'establiment o a l'empresa els fets, demanant els fulls oficials de reclamació / denúncia en el mateix establiment a fi de deixar-hi constància escrita. En cas que l'establiment no disposi de fulls oficials, no te'n vulguin donar o no et sigui possible adreçar-t'hi, pots emplenar el model que t'adjuntem i fer-lo arribar a l'agència.
- Si no reps una resposta satisfactòria, pots presentar una reclamació a la nostra oficina.

15 En parelles. Escolta l'anècdota i digues si les frases són veritables o falses.

		V	F
1	Va perdre la bossa perquè no la va facturar.		
2	Va fer la reclamació i li van dir que li portarien la bossa a l'hotel.		
3	L'hotel era als afores i per això hi va anar amb taxi des de l'aeroport.		
4	El pany de l'habitació s'havia encallat perquè la clau no era la de l'habitació.		
5	Va avisar que canviessin les bombetes dels llums perquè s'havien fos.		
6	De l'aixeta del bany que estava espatllada, només en sortia aigua freda.		
7	La banyera no es buidava.		
8	Va comprar roba perquè la bossa no havia arribat.		
9	Els llençols tenien forats.		
10	La televisió estava espatllada.		
11	Es va queixar a la recepció de l'hotel.		
12	Va fer una reclamació perquè li tornessin els diners.		

En parelles. Fes un guió de les desgràcies i comenta la situació, fent servir els connectors del quadre.

després / a continuació
i encara més
no només... sinó també
i fins i tot
d'una banda... d'altra banda
amb això vull dir
entre altres coses
resumint / tot plegat

En parelles. Torna a escoltar el text de l'activitat 15, si cal, i omple el full de reclamació. Compara'l amb el d'una altra parella.

Model de reclamació / denúncia

1. Identificació de l'establiment

Dia dels fets / Hora | Nom de l'establiment

Adreça | Població | Codi postal

Nom de l'empresa o raó social | CIF

Telèfon | Adreça electrònica

2. Identificació de la persona consumidora

Nom i cognoms | DNI / Passaport

Adreça | Població | Codi postal

País | Telèfon | Adreça electrònica

3. Fets i circumstàncies de la reclamació / denúncia

introducció Vaig arribar...

exposició i exemples En primer lloc la clau de la porta de l'habitació...

conclusió

4. Petició de la persona consumidora

5. Documents i proves que s'adjunten (factures, tiquets, fotos, informes...)

a) | b)

c) | d)

Altres

Data i lloc

Signatura del consumidor o usuari

Bústia

16 En grup. Llegiu les cartes d'opinió, debateu els temes i argumenteu el vostre punt de vista. Al grup, hi ha d'haver una persona que faci de moderador.

OPINIÓ D'ACTUALITAT

CARTES AL DIRECTOR

Amor de gos

Estic d'acord amb el Sr. Conill, quan diu que els animals de companyia tenen el mateix dret que els nens a viatjar amb els transports públics, sempre que paguin el bitllet. I evidentment sempre també que els seus propietaris vigilin que no molestin els altres passatgers.

Filomena Martí

Dones i homes

Arran de l'article "Les dones al poder", lamento haver de dir que tant l'home com la dona es comporten de la mateixa manera, quan tenen poder. Vaig perdre la meva feina perquè la meva cap es va embolicar amb el meu secretari, que evidentment va ocupar el meu càrrec. Si la meva cap fos un home, parlaríem de masclisme, oi?

Irina Moles

Estafa'm, sisplau

No entenc que encara hi hagi gent que es deixi prendre el pèl. Senyor Llopis, si unes persones li diuen que vénen a fer la revisió de la instal·lació de gas i vostè no els demana que s'identifiquin, què hi pot fer la companyia de gas? Em sap greu dir-li que la culpa és seva i no, de la companyia.

M.C.

Vàters públics

Em preocupa que l'Ajuntament no es plantegi seriosament el problema que patim al nostre barri. Caldria que controlessin que ningú no fes pipí al carrer i haurien de multar les persones que ho fan. Estic tip de veure gent pixant i de sentir la pudor d'orina. Tenim dret a respirar aire pur!

Pep Coll

TASCA FINAL: Escriu una carta d'opinió sobre un del temes debatuts. Fes una introducció del tema, una exposició dels punts de vista, dóna exemples i conclou el tema. Llegeix les cartes dels teus companys, tria'n una i contesta-la.

EL MÓN D'AVUI... I EL DE DEMÀ

Com és el nostre món?

Què penseu de les frases següents? Creieu que el món hauria de canviar?

TASCA FINAL: **Elaborar un text on s'expliqui un món ideal**

OBJECTIUS I CONTINGUTS

APRENDREM A	• Entendre i donar instruccions per fer un exercici físic • Explicar diversos sistemes de govern • Explicar experiències personals relacionades amb la solidaritat	• Explicar problemes d'ordre ecològic i donar-hi solucions • Fer retrets • Opinar i fer hipòtesis de present, de futur i respecte del passat sobre política, solidaritat, ecologia, esport, arts i models de família
I FAREM SERVIR	• Connectors per expressar conseqüència, condició, finalitat... • Estructura per expressar imminència: estar a punt de + infinitiu • Estructures per fer prediccions de futur i hipòtesis: caldrà + infinitiu, caldrà que + subjuntiu, si + imperfet de subjuntiu + condicional... • Estructures per opinar: crec que + indicatiu, tant de bo que + present de subjuntiu... • Estructures temporals: passat perifràstic + quan + imperfet d'indicatiu...	• Imperatiu i present de subjuntiu de verbs que indiquen moviment: seure, moure, caure, jeure, córrer... • Expressions per expressar esperança, alleujament, confiança, seguretat i inseguretat, penediment, indiferència, sorpresa, resignació, impaciència, conformitat i disconformitat... • Lèxic relacionat amb la política, la solidaritat, l'ecologia, l'esport, les arts i els models de família

AMÈRICA: el poder del món i l'explotació dels recursos naturals
EUROPA: el continent de la memòria històrica
ÀSIA: el ressorgiment econòmic
ÀFRICA: un continent abandonat
OCEANIA: el gran desconegut

Monarquia o república?

1 En grup. Us interessa la política? Per què? Sabeu quin tipus de govern hi ha al vostre país? I a Espanya? I a Catalunya? Quin creieu que és el millor tipus de govern? I el pitjor?

el govern	comunista conservador democratacristià liberal socialdemòcrata socialista de dretes d'esquerres de centre de centre dreta de centre esquerra de coalició

En grup. Mireu la il·lustració. Coneixeu exactament el significat de les paraules de la il·lustració i les del quadre? Relacioneu les paraules del quadre amb les definicions.

- Forma de govern en què el poder polític principal correspon d'una manera vitalícia a una sola persona designada per dret d'herència o per elecció.
- Forma de govern en què el cap d'estat té caràcter electiu i no hereditari.
- Sistema de govern en què es concentra tot el poder en les mans d'un sol individu o d'un únic grup polític i que elimina per la força tota expressió de discrepància i oposició.
- Assemblea de diputats que exerceix el poder legislatiu en els estats, les nacions, les regions, etc., constitucionals.
- Forma d'organització política caracteritzada per l'existència d'un territori delimitat, una població definida i una autoritat que s'atribueix un poder indiscutible sobre els dos elements anteriors: territori i població. Pot ser monàrquic, republicà...
- Conjunt de persones que tenen una comunitat d'història, de costums, d'institucions, de cultura... i sovint de llengua; un sentit d'homogeneïtat i de diferència respecte a la resta de comunitats humanes.
- Sistema de govern basat en el principi de la participació igualitària de tots els membres de la comunitat en la presa de decisions d'interès col·lectiu.
- Organisme que dirigeix la política i la defensa d'un estat, i que exerceix la funció executiva i la potestat reglamentària.
- Una de les dues cambres de què es compon el parlament en certs estats moderns.

LA DEMOCRÀCIA
LA DICTADURA
L'ESTAT (M)
EL GOVERN
LA MONARQUIA
LA NACIÓ
EL PARLAMENT
LA REPÚBLICA
EL SENAT

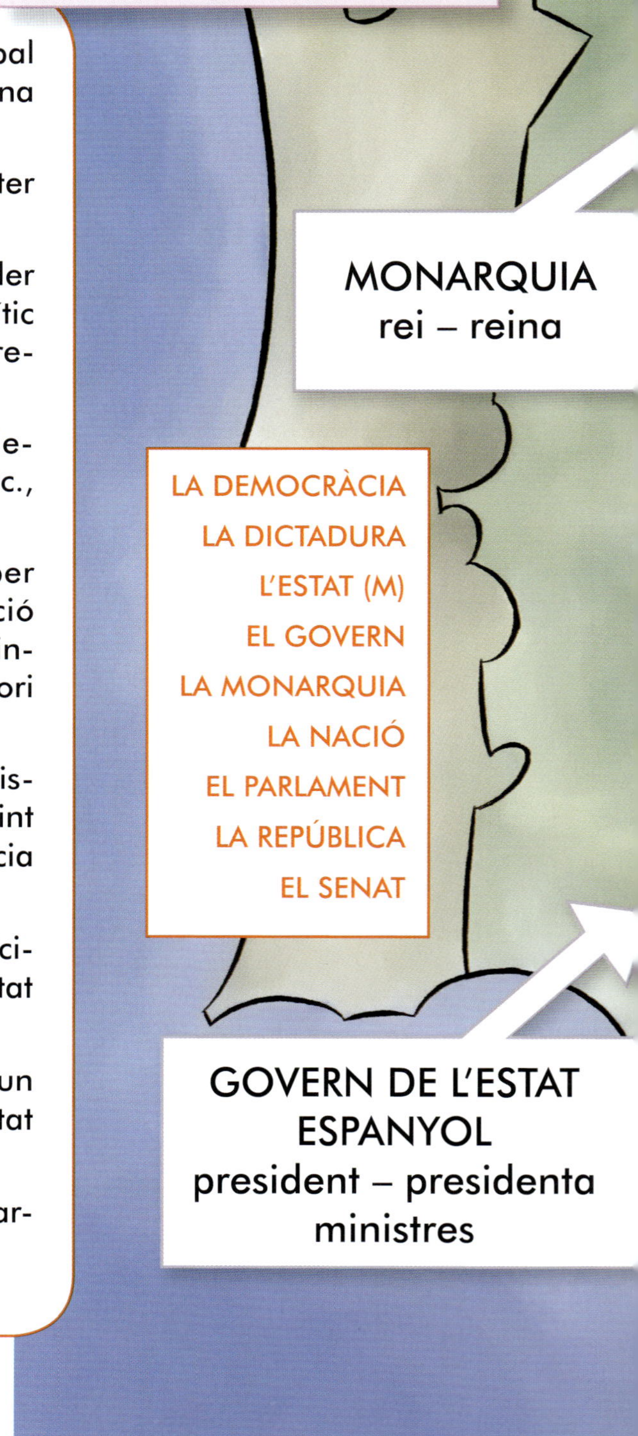

AJUNTAMENT
alcalde – alcaldessa
regidors – regidores
GENERALITAT
president – presidenta
consellers – conselleres

2 Llegeix el text i completa'l amb les paraules dels quadres. Es poden repetir. Els verbs s'han de conjugar. Comprova el resultat amb altres companys. Després en grups de tres. Llegiu el text en veu alta, representant els papers de narrador, petit príncep i rei. Què en penseu del rei d'aquesta novel·la? Coneixeu països on hi hagi monarquies? Com són?

Es trobava a la regió dels asteroides. El primer estava habitat per un rei.
–Ah! Vet aquí un súbdit.
I el petit príncep es va demanar:
–Com em pot reconèixer, si no m'ha vist mai?
No sabia que, per als reis, el món és molt simplificat. Tots els homes són súbdits.
–Acosta't que et vegi bé.
El petit príncep es va quedar dret i com que estava cansat va badallar.
–És contrari al protocol badallar en presència d'un rei. T'ho ________[1].
–No ho puc impedir. He fet un viatge molt llarg i no he dormit...
–Així, t'ordeno que badallis. És una ________[2].
El rei ________[3] essencialment que la seva ________[4] fos respectada. Era un ________[5] absolut. Però com que era molt bo donava ________[6] raonables.
–Puc seure?
–T'ordeno que seguis.
–Majestat, us puc fer una pregunta?
–T'ordeno que em preguntis.
–Sobre què ________[7]?
–Sobre tot.
–Sobre tot?
El rei va fer un gest discret i va assenyalar el seu planeta, els altres planetes i les estrelles. No era només un ________[8] absolut, era un ________[9] universal.
–I les estrelles us ________[10]?
–Certament. A l'instant. No ________[11] la indisciplina.
Aquell gran ________[12] va meravellar el petit príncep. Si ell l'hagués tingut hauria ordenat tantes postes de sol...
–Feu-me un favor... ordeneu al sol que es pongui.
–Si digués a un general que volés de flor en flor, com una papallona, o que escrivís una tragèdia, o que es transformés en una au marina i el general no ________[13] l'ordre, qui, ell o jo, estaria equivocat?

3 En grup. Escolteu el text i completeu la informació.

Nombre d'habitants: ________
Nombre de persones per continent: ________
Nombre d'homes i de dones: ________
Nombre de blancs: ________
Nombre de cristians: ________
Nombre d'heterosexuals i d'homosexuals: ________
Nombre de persones que viuen bé: ________
Nombre de persones que saben llegir: ________
Nombre d'universitaris: ________
Nombre de persones que tenen ordinador: ________

l'ambaixada (f)
ciutadà – ciutadana
el consolat
la constitució
la guerra
la independència
la justícia
la llei
la llibertat
la pau

donar ordres
enderrocar
governar
nomenar
ordenar
tenir la culpa
votar

tal com ho veig
al meu parer
des del meu punt de vista

ambaixador – ambaixadora
l'autoritat (f)
ministre – ministra
monarca
l'ordre / les ordres
el poder
la revolució

condemnar
executar
exigir
jutjar
obeir
prohibir
regnar
tolerar

–Vós.
–Exacte. Cal exigir a cadascú el que cadascú pot fer. L'______________[14] es basa sobretot en la raó. Si ordenes al teu poble que es tiri al mar, farà la ______________[15]. Tinc dret a exigir obediència perquè les meves ______________[16] són raonables.
–I la meva posta de sol?
–La tindràs. Ho ______________[17]. Però esperaré que les condicions siguin favorables.
–Quan seran favorables?
–Hem! Hem! Serà al vespre, cap a les set i quaranta minuts. I veuràs com seré puntualment obeït.
–Bé, doncs, com que aquí no hi tinc res a fer, me'n vaig.
–No te'n vagis, et faig ______________[18]!
–______________[19], de què?
–De... de justícia!
–Però si no hi ha ningú a qui ______________[20]!

–Pots ______________[21] a mort una rata vella que hi ha al planeta. Ara la ______________[22], ara la indultes...
–Això no m'agrada. I em sembla que me'n vaig.
–No!
–Si la vostra majestat vol donar una ______________[23] raonable, podeu ordenar que marxi abans d'un minut? Em sembla que les condicions són favorables.
Així que el rei trist, però sense perdre l'______________[24] li va dir:
–Marxa! Et nomeno el meu ______________[25]!
Les persones grans són ben estranyes, es deia el petit príncep, durant el viatge.

A. de Saint-Exupéry, *El petit príncep* (text adaptat)

En grup. Discutiu com creieu que funciona el país del text anterior. Qui hi mana? Com és el govern? Quin tipus de política hi ha pel que fa a l'educació, al treball, a la salut, a la cultura, a l'economia...? Escriviu deu frases que us suggereixi aquest text, utilitzant les estructures i el lèxic dels quadres.

crec / suposo estic segur – segura	que + indicatiu
no crec tant de bo	que + present de subjuntiu
no m'estranyaria	que + imperfet de subjuntiu
espero	que + present de subjuntiu / futur

Estic segura que **hi ha** una dictadura.

No crec que **hi hagi** oposició al govern.

No m'estranyaria que **fessin** una revolució.

Al meu parer, si manessin les dones, no hi hauria discriminacions.

Siguem solidaris!

4 En dos grups A i B. Cada grup tria cinc paraules del seu quadre i en fa una definició breu. Després una persona del grup A llegeix una definició i una persona del grup B ha d'endevinar de quina paraula del quadre A es tracta. Si l'endevina, li llegeix la següent i així successivament.

A

l'acció humanitària
l'actitud (f)
afectar ≈ afectat – afectada
alfabetitzar ≈ l'analfabetisme (m)
armar ≈ l'arma (f)
autoritzar ≈ l'autorització (f)
els camps de refugiats
la caritat
el col·lectiu
combatre ≈ combatent
comprometre's ≈ el compromís
el conflicte
la consciència
cooperar ≈ la cooperació ≈ cooperant
creure ≈ creient
desenvolupar ≈ el desenvolupament
l'església (f)
l'ètica (f)

Si falla, passa el torn a la persona següent del grup B, i així se segueix el mateix procediment fins que s'acaben les paraules. Quan el grup B ha endevinat totes les paraules, comença el grup A. Guanya el grup que triga menys temps a endevinar totes les paraules.

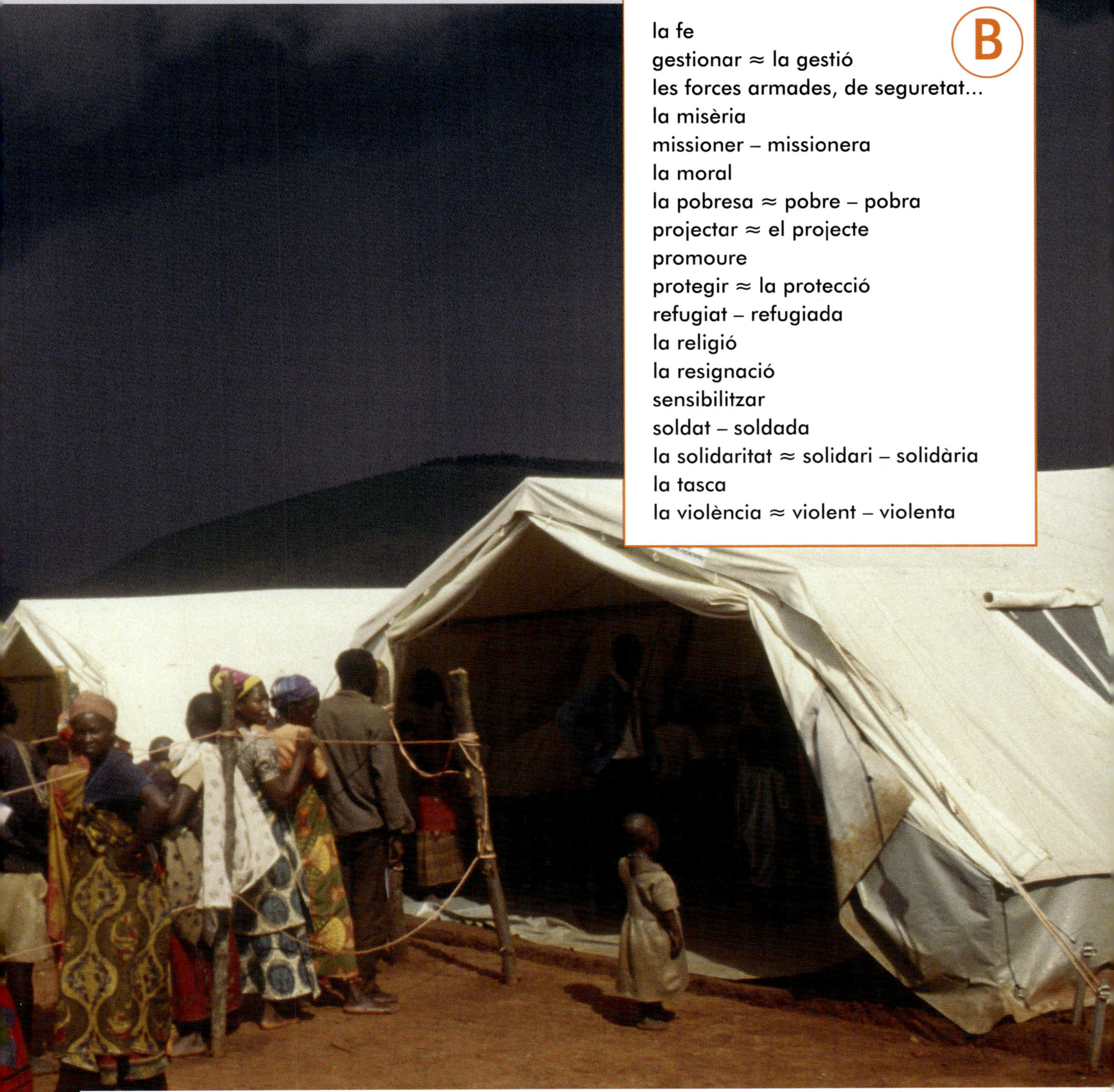

B

la fe
gestionar ≈ la gestió
les forces armades, de seguretat...
la misèria
missioner – missionera
la moral
la pobresa ≈ pobre – pobra
projectar ≈ el projecte
promoure
protegir ≈ la protecció
refugiat – refugiada
la religió
la resignació
sensibilitzar
soldat – soldada
la solidaritat ≈ solidari – solidària
la tasca
la violència ≈ violent – violenta

Coneixeu alguna ONG o alguna missió religiosa d'ajuda a persones necessitades? Sabeu com funcionen? Coneixeu algú que sigui cooperant? Heu participat mai en alguna ajuda humanitària? Què en penseu de la solidaritat? Utilitzeu el lèxic dels quadres per ajudar-vos a expressar les vostres opinions.

5 En grups A i B. Llegiu les expressions del quadre i assegureu-vos que les enteneu. Després llegiu els correus electrònics i completeu-los amb les expressions corresponents: a, b o c.

A

1 ☐ a) confio que ☐ b) això espero ☐ c) encara	4 ☐ a) estan de sort ☐ b) tant de bo ☐ c) així ho espero	7 ☐ a) sort que ☐ b) espero que ☐ c) em fa por que no
2 ☐ a) no en dubto gens ☐ b) vaja ☐ c) com és possible	5 ☐ a) no dubto que ☐ b) se'n penedeixen ☐ c) no estan gens satisfets	8 ☐ a) i ara ☐ b) vejam si ☐ c) espero que
3 ☐ a) no hi podem fer res ☐ b) qui ho havia de dir ☐ c) ja n'hi ha prou	6 ☐ a) em fa por que ☐ b) no m'acaba de fer el pes ☐ c) no hi ha res a fer	9 ☐ a) oh, i tant ☐ b) vaja ☐ c) au, vinga

Envia:	Andrea
Per a:	Donna
Tema:	Hola, pallassa!

Estimada Donna,

Com anem? Jo estic impressionadíssim perquè acabo d'arribar a Sierra Leone amb els meus companys pallassos i el panorama, a primera vista, és impactant. _______________[1], com als altres llocs, quan coneguem més les persones, acabarem fent-nos-hi amics. Venim de Palestina i de la Costa d'Ivori. A Palestina ens hem trobat amb el gran conflicte armat. _______________[2] que al món hi hagi tanta violència? Amb tot, _______________[3]! Els nens i les nenes són molt semblants a tot arreu, i els nostres tallers i espectacles els han fet riure molt. _______________[4] que aquest somriure els duri per sempre.

A la Costa d'Ivori ha estat molt diferent, ens hem trobat amb els nens soldats, armats fins a les dents, però nens al cap i a la fi. Nosaltres no podrem arreglar la situació, mala sort! Però hem arrencat més d'una rialla i _______________[5] ells recordaran, tant com nosaltres, aquell dia que havia començat trist i que va acabar en una gran festa de la imaginació, la sorpresa i, sobretot, l'alegria.

A Sierra Leone actuarem davant de nens que tenen problemes de salut mental. _______________[6] les forces de seguretat ens portin problemes; no personals, per mi sí que...; però podrien prohibir-nos l'actuació. Ja ho veurem. T'escric mentre estem esperant que ens donin l'autorització. _______________[7] tenim tots els papers en regla! _______________[8] tenim sort.

Bé, ja veus que no estic gens avorrit. Per què no t'animes i ens véns a fer companyia? _______________[9]! Estic segur que ets la pallassa que aquests nens esperen.

MUAAAAAAAAAAAAA!
Andrea

B

1 ☐ a) qui ho havia de dir ☐ b) com era possible ☐ c) estàs de sort	4 ☐ a) tant de bo ☐ b) tinc molts dubtes ☐ c) no me n'he oblidat	7 ☐ a) sí, ves què hi farem ☐ b) em sap greu ☐ c) això espero
2 ☐ a) per mi sí que ☐ b) ja està bé ☐ c) què hi vols fer	5 ☐ a) espero que ☐ b) sort que ☐ c) per mi sí que	8 ☐ a) no hi podem fer res ☐ b) no te'n penediràs ☐ c) no estic gens satisfet
3 ☐ a) me'n penedeixo ☐ b) em sap greu ☐ c) no estic gens content	6 ☐ a) no se'n penediran ☐ b) no els fa vergonya ☐ c) no m'acaba de fer el pes	9 ☐ a) no hi ha res a fer ☐ b) no m'acaba de fer el pes ☐ c) no en tinc cap dubte

Envia: Ernest
Per a: Janis
Tema: Quina loteria!

Hola, Janis,

Sóc a Burkina Faso. Que què hi faig? Mira, em vaig apuntar a un sorteig per fer un viatge amb una ONG i, –_______________[1]! – em va tocar; a mi, que no em toca mai res. El Pere, el cooperant amb qui vaig connectar, em va explicar que Burkina Faso és un dels països més pobres del món. Quasi el 90% de la població treballa al camp, però és una feina insegura perquè no sempre plou quan cal. «_______________[2]...?» –em va dir amb to resignat. «Però, és clar, d'això en depèn la seva seguretat alimentària.» Em vaig acollonir i per no comprometre'm li vaig dir: «Ah, no sé si venir, _______________[3], però és que _______________[4]...» Quan ja m'esperava un: «A mi, què m'expliques!» Em va dir: «I ara! No conec ningú a qui toqui la rifa i la torni!» Aquell sentit de l'humor em va fer decidir.
Aquí els cooperants treballen per combatre l'analfabetisme. També impulsen l'ensenyament bilingüe i la creació d'escoles per a comunitats nòmades i joves que estan fora de l'edat escolar. _______________[5] aquests projectes siguin molt positius i que els obrin moltes portes.

A part de l'ensenyament també animen i ajuden els petits productors d'arròs i de cotó perquè protegeixin els seus productes davant de la competència d'uns fills de sa mare que ofereixen els mateixos productes a un preu molt més baix, per fer-los fora del mercat. Quins collons! _______________[6]? Però la gent d'aquí no és gens violenta i et mira amb cara de dir: «_______________[7]!» T'ensenyen tantes coses...

Et recomano que facis el mateix que jo i t'apuntis al primer viatge que puguis; t'asseguro que _______________[8], _______________[9].

Fins a la tornada, que t'explicaré moltes més coses.

Una abraçada,

Ernest

En parelles A i B. Explica el teu correu electrònic. Comenta què faries si fossis la persona que ha rebut el correu. Després contesta un dels dos correus acceptant o rebutjant la invitació.

> Jo no hi aniria, sóc massa poruc.

En grup. Comenteu què hauria de passar al món perquè no hi hagués tanta desigualtat. Trieu cinc frases i llegiu-les a la resta de la classe. Feu un pòster amb les frases que us semblin millors.

> si + imperfet de subjuntiu + condicional

> **Si no hi hagués** armes, la gent no **seria** tan violenta.

Sou verds?

6 En grup. Escolteu el diàleg i digueu amb qui esteu més d'acord i per què. Heu d'explicar què creieu que passarà en un futur imminent o més llunyà. Expliqueu per què creieu que s'ha arribat a la situació actual en la distribució de l'aigua i quin n'és el motiu. Mireu els exemples i feu servir les estructures dels quadres.

Diuen que l'aigua **està a punt d'acabar-se.**

D'aquí a dos dies **s'haurà acabat** del tot.

Caldrà que en **portin** de fora.

No **faran** res **fins que** no **quedi** ni una gota d'aigua.

Van actuar / Han actuat quan **era** massa tard i ja **s'havien acabat** els recursos.

Si les instal·lacions **estiguessin** bé, no **es perdria** tanta aigua.

7 En grup. A part del problema de l'aigua, quins altres problemes d'ordre ecològic penseu que estan passant? A continuació us en donem uns quants, amb algunes solucions possibles. Com en l'activitat anterior, expliqueu la situació actual del problema, què s'ha fet o es va fer en el passat (si s'ha intentat evitar o si s'ha obviat); digueu què us sembla que passarà, i feu hipòtesis sobre possibles solucions.

caldrà / s'haurà de + infinitiu
caldrà que + present de subjuntiu

estar a punt de + infinitiu

futur + quan / fins que +	present de subjuntiu perfet de subjuntiu futur futur compost

passat perifràstic / perfet d'indicatiu + quan +	imperfet d'indicatiu plusquamperfet d'indicatiu

PROBLEMES
- acceleració de l'escalfament de la Terra i del desglaç
- acceleració dels canvis climàtics
- contaminació atmosfèrica
- acabament de recursos com ara aigua, petroli, gas...
- desaparició de reserves naturals: desforestació incontrolada
- creixement de la desaparició d'espècies de plantes i d'animals
- desaparició o transformació de plantes de jardí més comunes: geranis, roses, clavells...
- desaparició o transformació d'animals comuns, com ara insectes (la formiga, la mosca, el mosquit...) o peixos

SOLUCIONS
- utilitzar mitjans de transport públics
- anar a peu o amb bicicleta
- fabricar cotxes que no funcionin amb derivats del petroli
- construir dessalinitzadores
- fer potable l'aigua de les depuradores
- utilitzar energia no contaminant: del sol, del vent, del mar
- utilitzar energia nuclear
- fer complir els acords mundials sobre el medi ambient
- obligar a mantenir les reserves naturals

De tots els problemes de l'activitat anterior, fes-ne una llista subjectiva segons el grau de gravetat (de més a menys). Busca les persones de la classe que coincideixin amb tu, com a mínim, en els tres primers problemes. Junts, escriviu les solucions que donaríeu a aquests problemes i llegiu-les a la resta de la classe.

En grup. Escriviu deu hipòtesis, si voleu, de broma, sobre què cal fer per solucionar els problemes mediambientals, i amb quines condicions. Llegiu-les en veu alta a la resta de la classe.

agrupar
amenaçar ≈ l'amenaça (f)
créixer ≈ el creixement ≈ crescut – crescuda
desaparèixer ≈ la desaparició ≈ desaparegut – desapareguda
el mamífer
el perill
el recurs
extingir ≈ l'extinció (f)
l'espècie (f)
la diversitat
la indústria
el medi ambient

1. Si no anéssim a bars on es pot fumar, la roba no faria tanta pudor, no l'hauríem de rentar i estalviaríem aigua i sabó.

Mens sana in corpore sano

8 En parelles. Llegeix l'entrevista i fes correspondre les preguntes amb les respostes. Hi ha més preguntes que respostes. Després escolta-la per comprovar si has triat les preguntes adequades.

1. I així, vostè recomana que es vagi a nedar dos cops a la setmana?
2. A quina edat s'ha de començar a fer esport?
3. Així doncs, hauríem de fer fer esport als nostres fills?
4. I així, una persona que no ha fet mai exercici, què pot fer?
5. Una persona que no ha fet exercici de jove, de gran, ha d'anar a un gimnàs?
6. Així doncs, hem d'apuntar els nostres fills a fer esport fora de les hores d'escola?
7. Així que els nens d'ara són més grassos que els d'abans?
8. Doctor Guillén, quin exercici físic s'ha de fer per mantenir la salut?
9. Doctor Guillén, vostè que ha treballat com a metge de la selecció olímpica, creu que l'exercici físic és bo per a la salut?
10. I s'ha de fer exercici a totes les edats?
11. Ara que parla de nens. No s'estan massa estona davant del televisor o l'ordinador, o jugant amb les maquinetes?
12. Així que vostè recomana que es faci exercici quotidianament, oi?

☐ Bona pregunta! I no li puc contestar amb un sí o amb un no. Per fer exercici físic el cos s'ha de preparar, de manera que una persona no pot fer aixecament de pesos si abans no ha preparat la seva musculatura de braços, espatlles, etcètera, com tampoc no podrà córrer, com un desesperat, suat i vermell com un tomàquet, sense saber el seu estat cardíac, respiratori... Per això, sempre recomanem que, abans de fer un exercici, sigui de competició o per mantenir la forma, es faci un reconeixement mèdic.

☐ Depèn del que entenguem com a exercici i sempre que el cos estigui en condicions. Miri, perquè sigui bo per a la salut, l'exercici físic ha de ser adequat a cada tipus de cos i a l'edat. Sempre que l'esforç no sigui superior a la capacitat de la persona, serà bo. Posem per exemple, una persona de setanta anys, que no ha fet mai exercici. Li diuen que per tal de mantenir bé el cor ha de caminar cada dia dos quilòmetres. Què passarà? Que es cansarà i, aleshores, en comptes de millorar el seu cor, el cansarà; per tant, l'exercici en lloc d'afavorir-lo el perjudicarà. En canvi, una persona en les mateixes condicions, però que ha fet regularment exercici, podrà caminar aquests dos quilòmetres, podrà nedar... sempre amb l'objectiu de mantenir el seu cos, mai intentant superar els seus límits.

☐ Molt fàcil! Podrà començar pujant l'escala de casa seva. I quan es cansi? Doncs que agafi l'ascensor. Només que ho faci dos o tres cops per setmana, ja està bé. Al començament s'ha d'anar a poc a poc, a fi que l'exercici no sigui excessiu.

☐ Exacte! Sempre hauríem de tenir, com a mínim, mitja hora diària per fer una activitat física. I en cas que no es tingui temps, sempre es pot pujar l'escala o jugar a córrer amb els fills.

☐ Sí, i per això augmenta l'obesitat infantil.

☐ Miri, doni una pilota a un nen o una nena i ja veurà com es mou. No cal apuntar-los a fer esport amb la finalitat de tenir esportistes d'elit. Deixem-los jugar al pati, al parc..., que corrin. Ja veurà que, a més de riure, cosa molt sana, mantindran el cos en forma.

Llegeix l'entrevista i cataloga les expressions marcades segons que indiquin conseqüència o efecte, condició, o finalitat.

9 En parelles. Mira les paraules del quadre i assegura't que les entens. Escolta les retransmissions i marca quines accions es fan en cadascuna i digues de quin esport es tracta.

	1	2	3
acostar(-se)	☐	☐	☐
agafar(-se)	☐	☐	☐
agenollar-se	☐	☐	☐
aguantar	☐	☐	☐
aixecar(-se) / alçar(-se)	☐	☐	☐
ajupir(-se)	☐	☐	☐
arronsar(-se)	☐	☐	☐
asseure's / seure	☐	☐	☐
bellugar(-se)	☐	☐	☐
caure	☐	☐	☐
córrer	☐	☐	☐
descansar	☐	☐	☐
doblegar(-se)	☐	☐	☐
empènyer	☐	☐	☐
estar quiet	☐	☐	☐
estirar(-se)	☐	☐	☐
ficar(-se)	☐	☐	☐
girar(-se)	☐	☐	☐
jeure / ajeure's	☐	☐	☐
llançar(-se)	☐	☐	☐
moure('s)	☐	☐	☐
parar(-se) / aturar(-se)	☐	☐	☐
recolzar(-se) / repenjar(-se)	☐	☐	☐
picar	☐	☐	☐
saltar	☐	☐	☐
tirar(-se)	☐	☐	☐
tombar(-se)	☐	☐	☐
treure	☐	☐	☐

IMPERATIU

ESTAR	SEURE	MOURE	CAURE	JEURE	EMPÈNYER	CÓRRER	AJUPIR-SE	ACOSTAR-SE
estigues	seu	mou	cau	jeu	empeny	corre	ajup-te	acosta't
estigui	segui	mogui	caigui	jegui	empenyi	corri	ajupi's	acosti's
estigueu	seieu	moveu	caieu	jaieu	empenyeu	correu	ajupiu-vos	acosteu-vos
estiguin	seguin	moguin	caiguin	jeguin	empenyin	corrin	ajupin-se	acostin-se

10 En parelles. A continuació hi ha les instruccions per aprendre a nedar en estil braça i esquena. Les instruccions, però, s'han barrejat. Primer fes correspondre la instrucció amb el número del nedador del dibuix i després agrupa les instruccions que corresponen a un mateix estil i ordena-les.

- ☐ Estira els braços endavant, amb les mans juntes. Gira les mans cap enfora i tira els braços endarrere.
- ☐ Estira't, panxa enlaire, ben pla. No aixequis el cap, l'aigua t'ha de tapar les orelles. Respira al ritme del moviment.
- ☐ Fes anar els peus amunt i avall, amb un moviment continu. No dobleguis els genolls, ni els treguis de l'aigua.
- ☐ Gira els braços, endarrere, com si fossin els braços d'un molí, fica'ls a l'aigua, primer un i després l'altre.
- ☐ Arronsa els braços i les cames com si fossis una granota, i dóna't impuls.
- ☐ Per respirar: aixeca el cap i respira quan tinguis els braços estirats, després torna'l a ficar dins de l'aigua.
- ☐ Posa't panxa a terra, inclina't cap endavant, amb el cap fora de l'aigua.

Marca els verbs de les instruccions anteriors que indiquen les accions que s'han de fer (imperatiu) i les que no s'han de fer (present de subjuntiu) per fer correctament un estil de natació. Escriu les instruccions canviant tu per vosaltres, vostè i vostès.

11 En grup. Trieu un esport o un tipus d'exercici físic dels de la llista, o algun altre, i redacteu-ne les instruccions. Llegiu-les als altres grups, que hauran d'endevinar de quin esport es tracta. Ajudeu-vos de les paraules dels quadres.

seieu – no segueu
moveu – no mogueu

el bàsquet
el ciclisme
l'esquí (m)
el futbol
la gimnàstica
l'handbol (m)
l'hoquei (m)
el motociclisme
l'automobilisme (m)
la natació
el tennis
el voleibol
el waterpolo

arbitrar ≈ àrbitre – àrbitra
el camp (de bàsquet...)
campió – campiona
la carrera / la cursa
empatar ≈ l'empat (m)
entrenar ≈ entrenador – entrenadora
l'equip (m)
l'esport (m) ≈ esportista
guanyar
marcar / fer un gol, un bàsquet...
nedar
el partit
perdre
la pilota
la pista
la porteria
la raqueta
xutar ≈ el xut

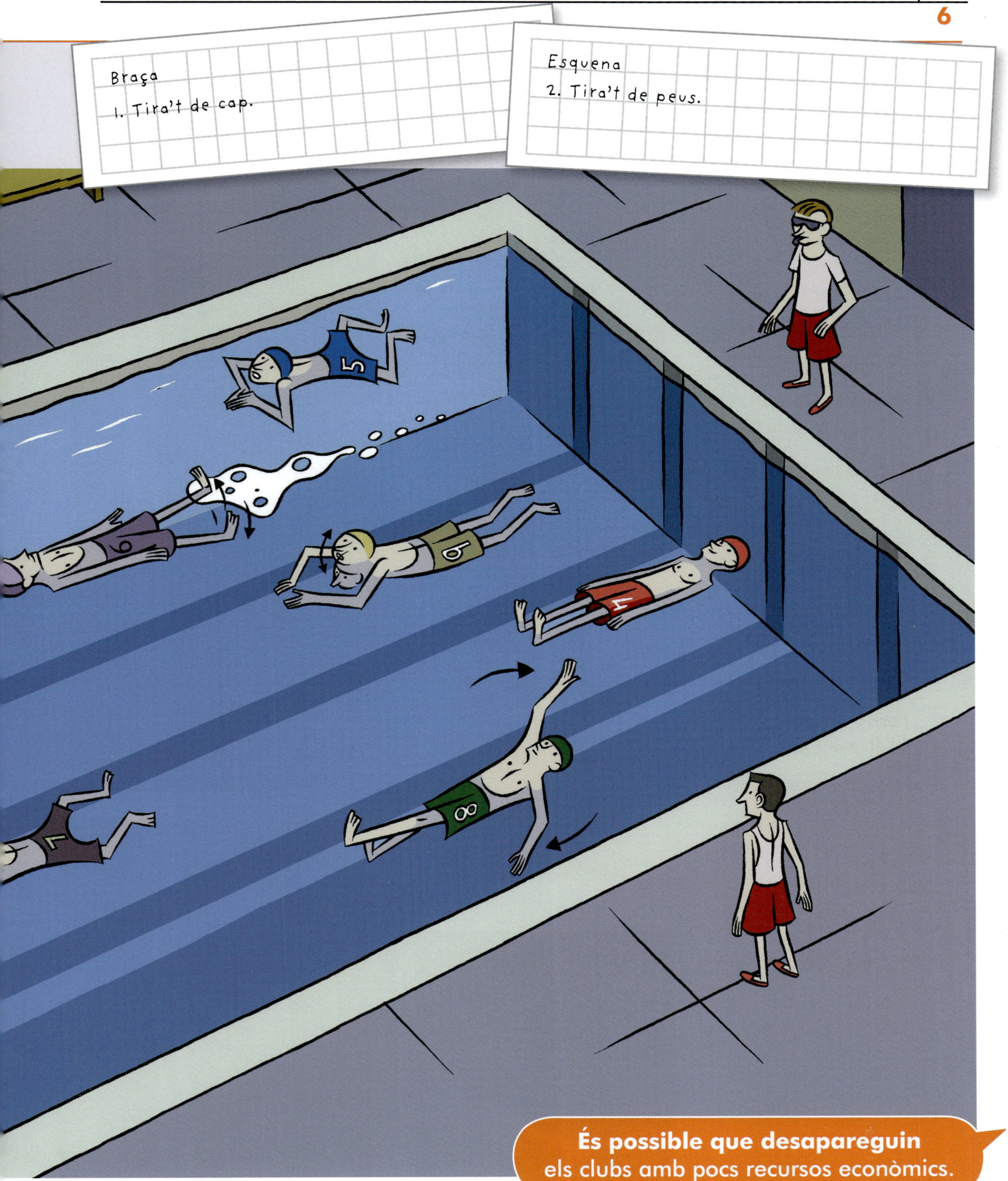

És possible que desapareguin els clubs amb pocs recursos econòmics.

L'esport no **hauria de ser** un negoci.

Si treballéssim menys hores, **podríem** dedicar temps per fer exercici.

Si no paguessin tants diners als esportistes, no **es creurien** déus.

En grup. Què en penseu, de fer esport, és bo per a la salut o és una moda? I de l'esport d'elit o de competició, és esport o és un gran negoci? Feu hipòtesis sobre l'evolució de l'esport en l'àmbit personal i també en el competitiu.

Artistes o impostors?

12 En grup. Coneixeu aquests artistes del Països Catalans? Amb quina de les arts del quadre els relacioneu? Coneixeu les seves obres? Què en penseu? Comproveu el vostre resultat amb altres grups. Proposeu altres artistes famosos del vostre país o d'un altre país que conegueu, expliqueu a què es dediquen i quin tipus d'obres fan. Digueu si us agraden i per què.

- Isaac Albéniz Pascual
- Pere Calders Rossinyol
- Pau Casals Defilló
- Josep Carreras Coll
- Isabel Coixet Castillo
- Victòria dels Àngels
- Salvador Dalí Domènech
- Núria Espert
- Josep Maria Flotats Picas
- Antoni Gaudí Cornet
- Cesc Gelabert Usle
- Enric Granados Campiña
- Ramon Llull
- Joanot Martorell
- Joan Miró Ferrà
- Tete Montoliu
- Sol Picó
- Mercè Rodoreda Gurguí
- Charlie Rivel
- Margarida Xirgu Subirà

Saps qui és la Margarida Xirgu?

Sí, era una actriu catalana molt famosa a Catalunya i a l'Amèrica del Sud, de la primera meitat del segle XX.

l'arquitectura (f)
el cinema
la dansa
l'escultura (f)
la literatura
la música
la pintura
el teatre

ART
abstracte
clàssic
contemporani
figuratiu
modern

Què fa la Sol Picó?

És una ballarina d'Alcoi, reconeguda mundialment. Ha guanyat diversos premis MAX.

En parelles. Relaciona les quatre columnes.

OBRA	ARTISTA	ACCIÓ	ELEMENTS RELACIONATS
l'actuació (f)	dibuixant	cantar	la bateria
la cançó / el cant	ballarí – ballarina	actuar	la càmera
la comèdia	cantant	compondre	el circ
la composició	actor – actriu	ballar	el conjunt
el concert	director – directora	dibuixar	l'escenari (m)
el conte	escriptor – escriptora: poeta, novel·lista...	dirigir	l'estil (m)
el ball / la dansa	escultor – escultora	escriure	l'exposició (f)
el dibuix	fotògraf – fotògrafa	esculpir	la guitarra
l'escultura (f)	músic – música	fotografiar	el museu
la fotografia	pallasso – pallassa	interpretar	l'orquestra (f)
la interpretació	pintor – pintora	pintar	el personatge
la novel·la		tocar	el piano
l'òpera (f)			la sala de teatre, de cine...
la pel·lícula			el violí
el poema			
el quadre			
la representació			

fotògraf, fotògrafa, fotografia, fotografiar, la càmera, l'exposició

Quina és l'art que us agrada més? Quina consumiu més sovint: literatura, cine, dansa, teatre, circ, música, pintura...? Digueu l'últim llibre que heu llegit, l'últim espectacle que heu vist, l'últim concert o disc que heu sentit o l'última exposició que heu visitat. Doneu-ne la vostra opinió i mireu si els vostres gustos coincideixen.

A mi m'agrada el teatre. Hi vaig gairebé cada mes. Ara estan fent una obra al teatre Principal que us recomano. Va d'amors i traïcions.

L'última exposició de pintura que vaig veure al Museu d'Art Contemporani em va encantar. La vaig trobar molt innovadora.

Què en penseu de l'art actual? Creieu que tots els llibres, espectacles... es poden considerar art? Hi ha impostors, en el món de l'art? Si n'hi ha, qui són? Què fan? Creieu que el món de l'art hauria de canviar? Com creieu que serà l'art del futur?

D'aquí a poc temps, **s'hauran tancat** totes les sales de cinema.

No m'estranyaria que poguéssim accedir a l'art a través del mòbil.

És possible que els grafits **siguin** la representació més important de l'art modern.

Si no hi hagués negocis editorials, els best-sellers **no existirien**.

I tu, quantes mares tens?

13 En grup. Llegiu el text i ompliu els espais buits amb els connectors del quadre. Després comenteu-lo amb paraules vostres, utilitzant connectors. Què en penseu del contingut d'aquest article?

Quo vadis família?

La família ja no és el que era. Si ens centrem en la societat occidental, la família es transforma i pren aspectes diferents segons les funcions a què hagi de respondre: cohesionar el grup, garantir-ne la continuïtat, ordenar les relacions entre els sexes o l'economia... ________ [1] ha tingut i continua tenint formes tan diverses a través dels anys.

La revolució més important en l'àmbit familiar és la que posa en crisi el patriarcat, ________ [2] arriba a l'arrel de la societat i al nucli d'allò que som. ________ [3], la família patriarcal en les seves formes diverses queda ferida de mort, ________ [4] el predomini de l'home en el matrimoni és una simple conseqüència del seu predomini econòmic. ________ [5], la família patriarcal desapareix quan aquest predomini deixa d'existir.

En una societat que ha vist incorporar-se massivament les dones al treball remunerat i, ________ [6], desaparèixer de manera progressiva la figura del "pare", el qual disposava del poder econòmic per sobre dels altres membres de la família, difícilment es pot mantenir un model familiar basat en l'autoritat i el domini paterns, i en les desigualtats amb la resta de components.

________ [7] la família de classe mitjana amb una sola font d'ingressos s'ha anat transformant, ________ [8], pràcticament, s'ha extingit, tal com era originàriament. Alguns dels senyals d'aquesta transformació són: l'extensió del divorci i de les separacions, l'augment del nombre de fills nascuts fora del matrimoni, l'increment de les famílies monoparentals o de les parelles de fet. Però, ________ [9] es formen famílies monoparentals per separació de la parella, ________ [10] hi ha dones que opten per la maternitat, independentment del seu estat civil i ________ [11] hi ha parelles homosexuals que reclamen cada vegada amb més força els mateixos drets que tenen les parelles de sexes diferents.

Per acabar podríem dir que hi ha dos grans tipus de polítiques familiars: les conservadores, que intenten mantenir un model de família tradicional patriarcal, i les progressistes, que pretenen atorgar autonomia als membres de les famílies, fer que els nuclis estiguin basats en la llibertat i el consens entre els que els integren. Les famílies, ________ [12], tal com les hem conegut en diverses societats, es convertiran en un temps no gaire llunyà en una relíquia històrica.

1 ☐ a) doncs ☐ b) per això ☐ c) aleshores	5 ☐ a) per tant ☐ b) només que ☐ c) en cas que	9 ☐ a) no només ☐ b) encara ☐ c) tan sols
2 ☐ a) per això ☐ b) perquè ☐ c) doncs	6 ☐ a) amb la finalitat ☐ b) en conseqüència ☐ c) sempre que	10 ☐ a) sinó que ☐ b) però ☐ c) com què
3 ☐ a) a fi que ☐ b) però ☐ c) així doncs	7 ☐ a) encara que ☐ b) com que ☐ c) per això	11 ☐ a) encara que ☐ b) també ☐ c) tot i que
4 ☐ a) llavors ☐ b) també ☐ c) ja que	8 ☐ a) en cas que ☐ b) de manera que ☐ c) però	12 ☐ a) de manera que ☐ b) en cas que ☐ c) doncs

14 En grup. Mireu les il·lustracions i imagineu quina situació viuen les persones que hi ha. Escolteu què diuen. Us identifiqueu amb alguna d'elles? Quins canvis creieu que experimentarà la manera de viure de la gent en el futur?

S'hauran acabat les famílies tradicionals.

No m'estranyaria que els joves **s'independitzessin** més aviat.

És possible que hi hagi més famílies monoparentals que famílies amb pare i mare.

Si les dones cobressin més que els homes, **hi hauria** més divorcis.

TASCA FINAL: En grup. Comenteu els aspectes del món actual que us agradaria canviar pel que fa a la política, a la solidaritat, al respecte pel medi ambient, als esports, a la cultura, al tipus de família... Quins canvis s'haurien de produir al món perquè fos millor? Després elaboreu un text per explicar el vostre món ideal. Exposeu-lo als altres grups i decidiu en quin us agradaria viure.

ÍNDEX